Cahier d'activités

COLETTE SAMSON

Bonjour ! Comment tu t'appelles ?

1A

Ecris une lettre et adresse-la à ton ou ta camarade !

Livre de l'élève p. 2
GP p. 6

Bonjour ...., ça va ?

Au revoir !

....

1B

Complète les bulles !

Livre de l'élève p. 2
GP p. 6

1. Salut !
2. .... !
3. .... !
4. .... !
5. .... ?
6. .... !

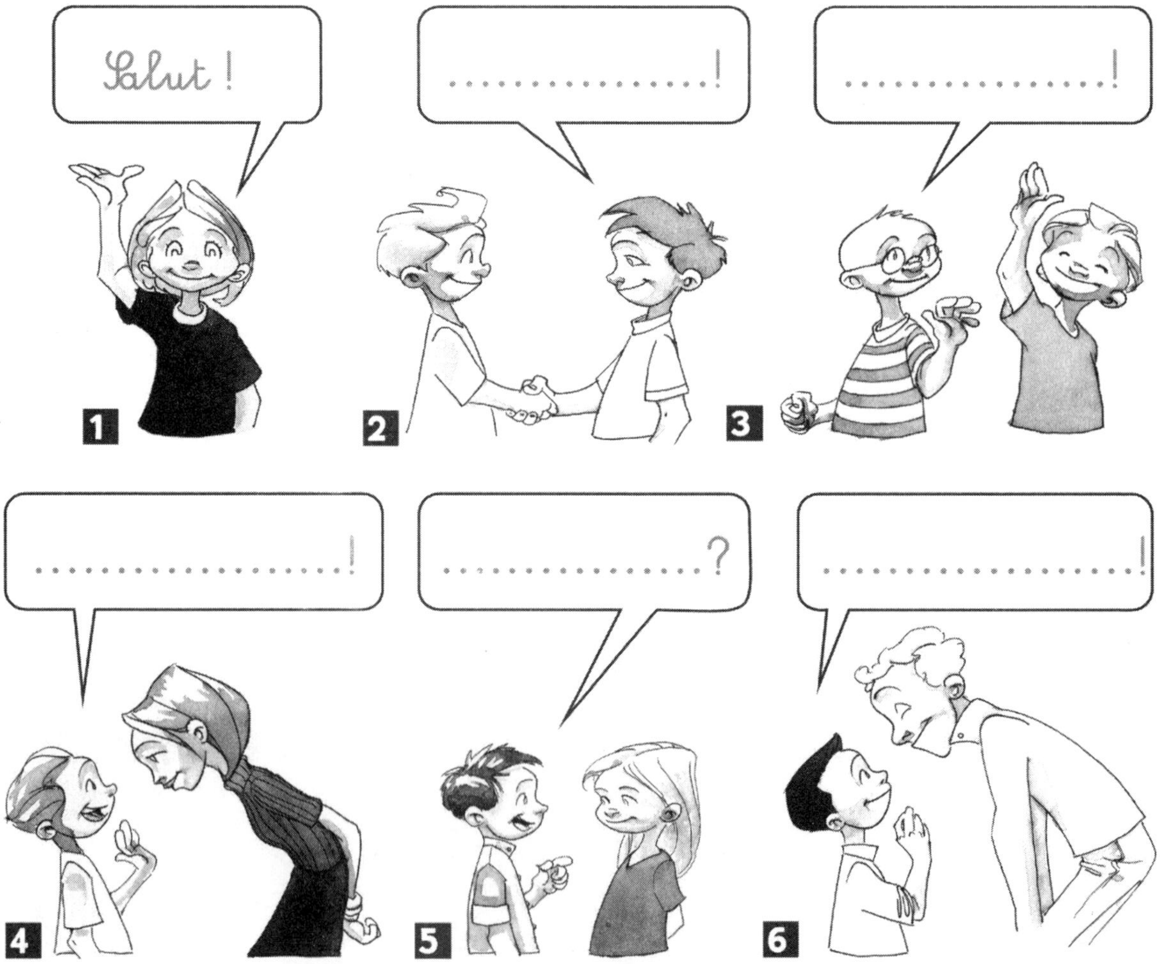

~~Salut !~~ Bonjour ! Ça va ? Bonjour monsieur ! Bonjour madame ! Au revoir !

Unité 1 — Leçon 2

Décode les messages secrets et écris-les !

Livre de l'élève p. 3
GP p. 8

1 Onubroj !
. . . . !

2 TAULS !
. . . . !

3 ua vreiro !
. . . . !

4 Bonjourcommentçavaçavabienmerciettoi
. . . . ?
. . . . !

5 b=🌲 e=🐘 i=☂ j=🐼 m=🐰 n=🌸 o=🚀 u=🎈 s=🌙 r=🎁

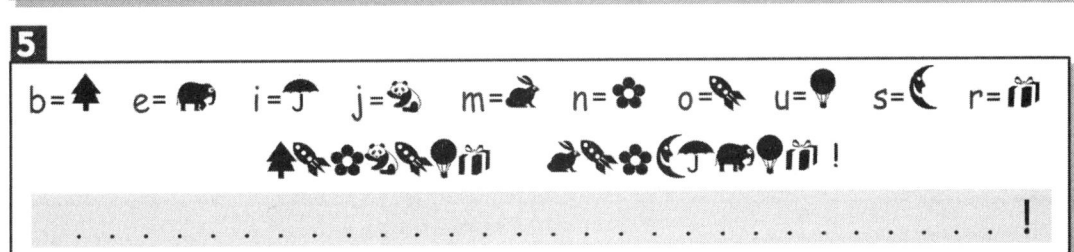

. . . . !

Livre de l'élève p. 3
GP p. 8

Tu as besoin de :

Relie les nombres aux mots !

Livre de l'élève p. 4
GP p. 10

Compte et écris le nombre de doigts !

Livre de l'élève p. 4
GP p. 10

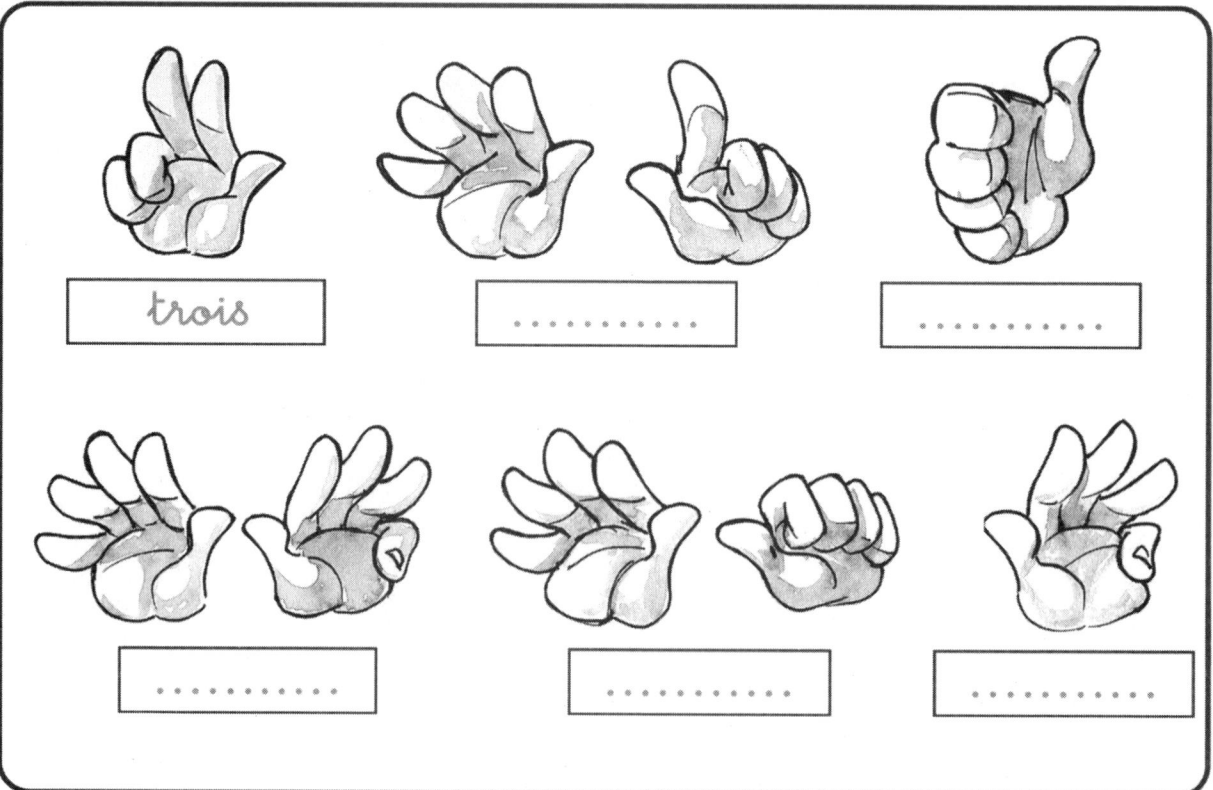

Cahier de vie

Bonjour, ça va ? .... *Comment tu t'appelles ?* ....

Tu sais répondre à ces questions ?

Livre de l'élève p. 5
GP p. 12

Test

1	oui / non	6	....
2	....	7	....
3	....	8	....
4	....	9	....
5	....	10	....

MON SCORE : ... /10

Tu sais dire ces nombres en français ?
oui / non

Auto-évaluation, Unité 1

 Super !  Pas mal !  À revoir !

Evalue ton travail !

Dico-mémento

Tu as besoin de :

Ecris sur chaque page les lettres de l'alphabet,
puis découpe les mots page 63 et colle-les dans ton dico-mémento !

  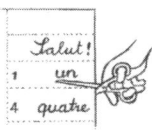  

Fabrique ton dico-mémento et contrôle ce que tu sais avec ton voisin ou ta voisine !

Tu as quel âge ?

1A

Va interviewer tes camarades !

Livre de l'élève p. 6
GP p. 14

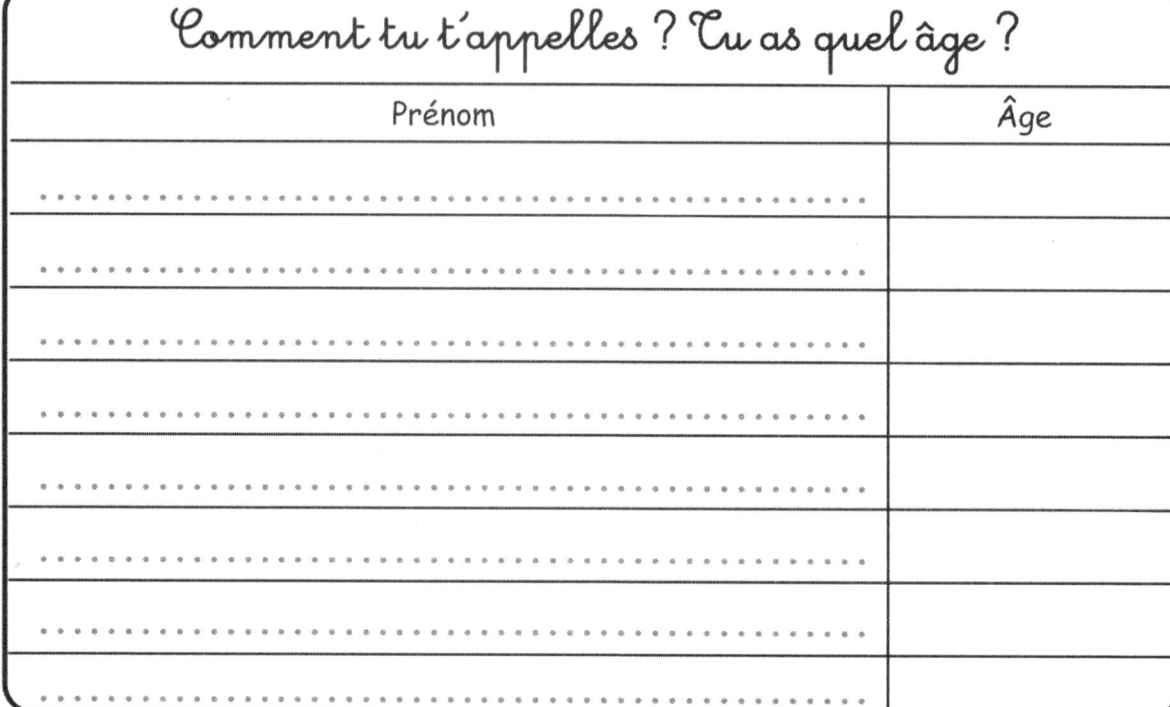

Comment tu t'appelles ? Tu as quel âge ?	
Prénom	Âge
....	
....	
....	
....	
....	
....	
....	
....	

1B

Regarde et écris sous les dessins !

Livre de l'élève p. 6
GP p. 14

huit ans

....

....

....

Unité 2 — Leçon 2

2A

Ecris une lettre et adresse-la à ton ou ta camarade !

Livre de l'élève p. 7
GP p. 16

j'ai	un frère	une sœur	trois frères	deux sœurs
	je n'ai pas de frère		je n'ai pas de sœur	

Bonjour .... !

Je m'appelle .... J'ai .... ans.

J'ai un .... et ....

Je n'ai pas de ....

Et toi ?

Salut !

....

2B

Ecris le nombre de frères et sœurs !

Livre de l'élève p. 7
GP p. 16

deux sœurs

....

....

....

3A

Regarde et écris !

Livre de l'élève p. 8
GP p. 18

un chat - (un) chien - (un) hamster - (une) perruche - un poisson rouge - une tortue

J'ai ....

Je n'ai pas de ....

3B

Compte et écris le nombre d'animaux !

Livre de l'élève p. 8
GP p. 18

trois chats, ...

....

Unité 2 — LEÇON 4

Cahier de vie

4A

Tu sais répondre à ces questions ?

Livre de l'élève p. 9
GP p. 20

Comment tu t'appelles ? *Tu as quel âge ?*

....

Tu as un frère ? une sœur ? *Tu as un chat ? un chien ?*

....

Test

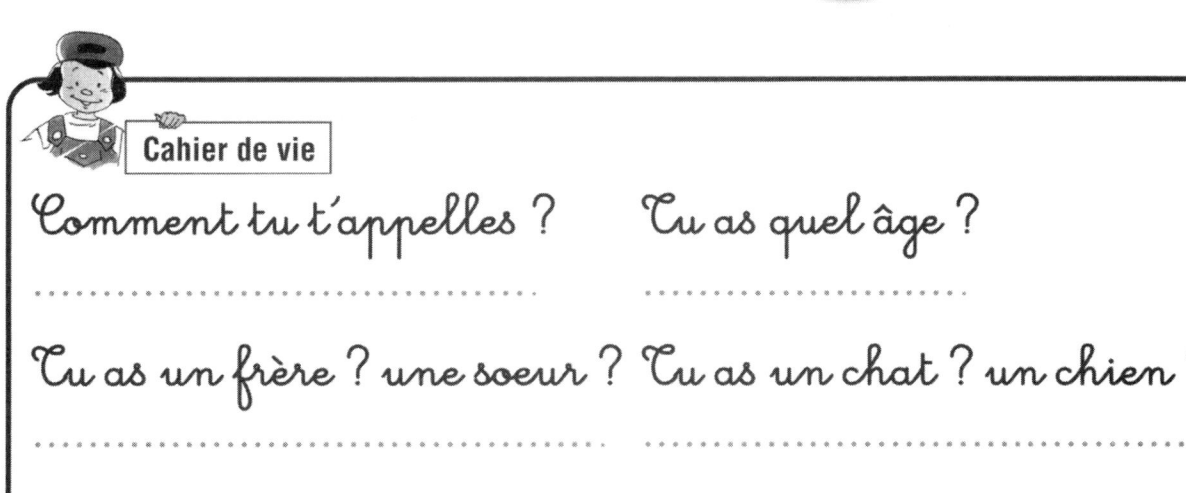

4B

Tu sais dire ces mots en français ? Ecris-les avec leur article !

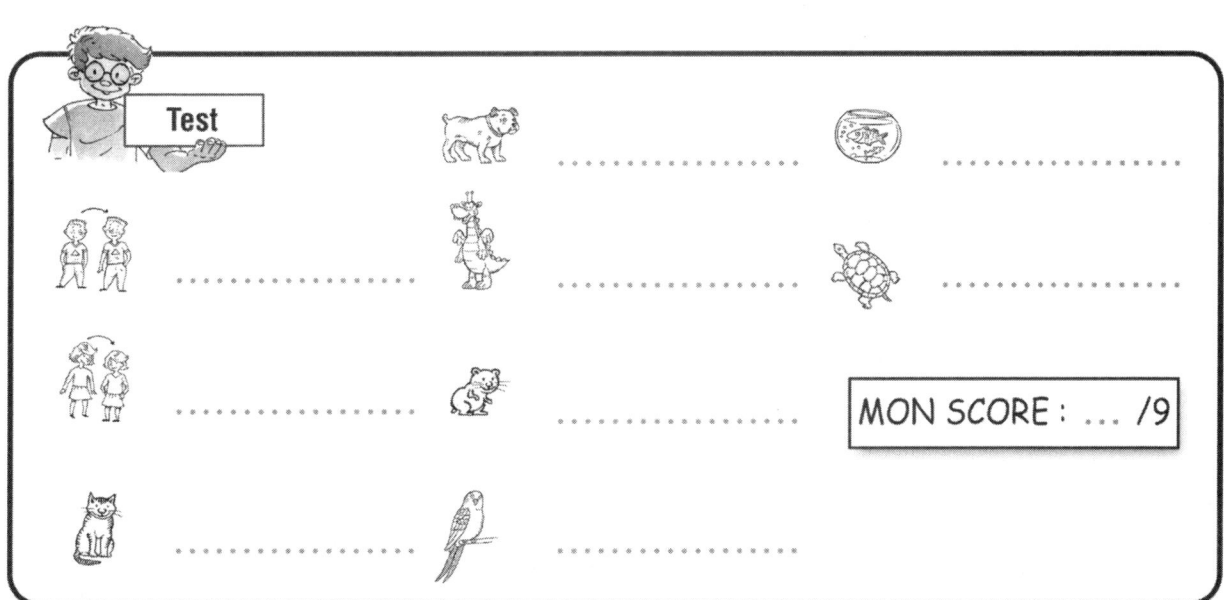

MON SCORE : ... /9

Auto-évaluation, Unité 2

4C

Evalue ton travail !

 Super !    Pas mal !    À revoir !

Dico-mémento

4D

Découpe les mots et colle-les, puis contrôle ce que tu sais !

   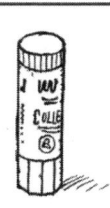

Qu'est-ce que c'est ?

1A

Dessine ta trousse, ta gomme, etc. et relie les mots !

Livre de l'élève p. 10
GP p. 22

ma trousse

mon crayon

ma gomme

mon stylo

ma règle

1B

Regarde et écris !

Livre de l'élève p. 10
GP p. 22

| ~~un crayon~~   une gomme   un livre   une règle   un stylo   une trousse |

1 Qu'est-ce que c'est ? *C'est un crayon.*

2 Qu'est-ce que c'est ? *C'est une* ....

3 Qu'est-ce que c'est ? *C'est* ....

4 Qu'est-ce que c'est ?

5 Qu'est-ce que c'est ?

6 Qu'est-ce que c'est ?

Unité 3 – Leçon 2

 **2A**

Retrouve le nom des couleurs, colorie les cailloux et écris les mots !

Livre de l'élève p. 11
GP p. 24

 **2B**

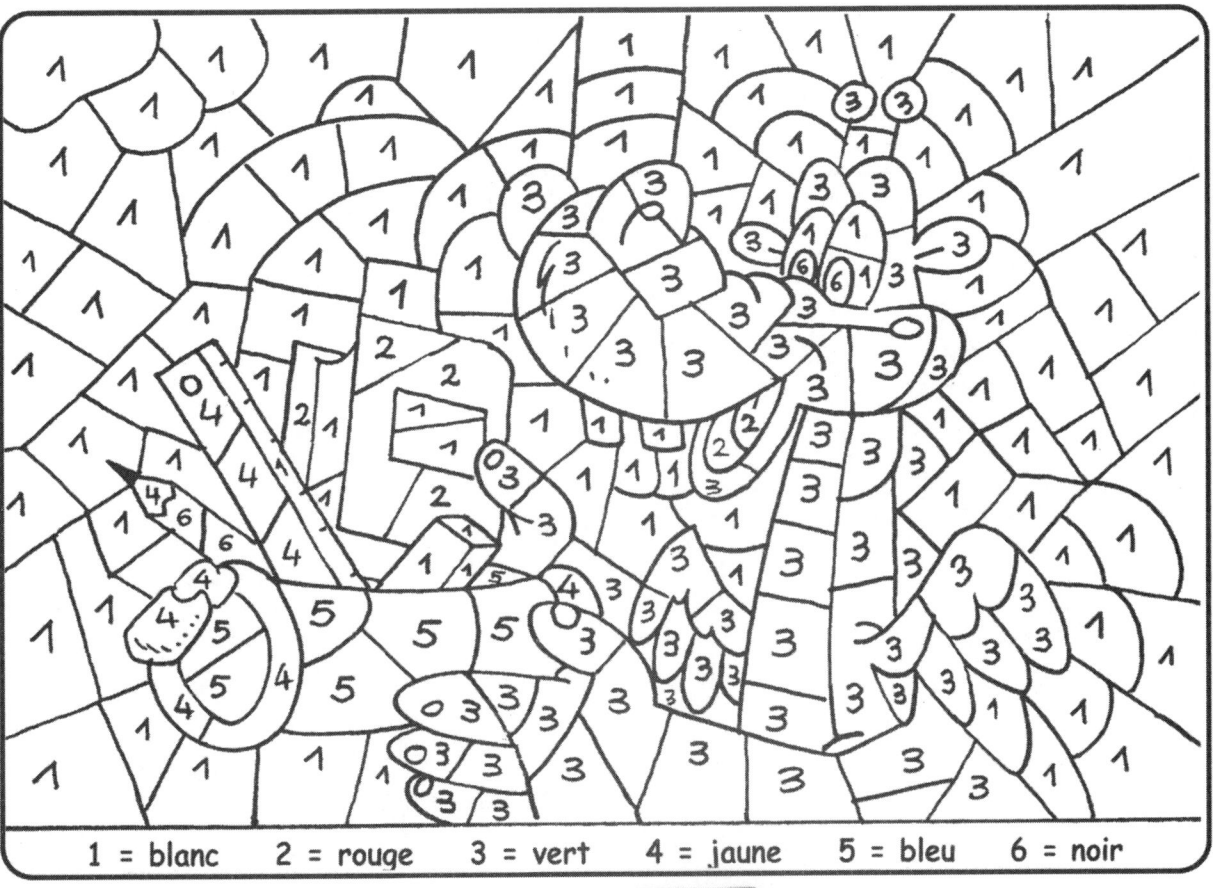

Colorie les cases ! Qui est-ce ?

Livre de l'élève p. 11
GP p. 24

1 = blanc   2 = rouge   3 = vert   4 = jaune   5 = bleu   6 = noir

3A

Lis et écris les numéros !

Livre de l'élève p. 12
GP p. 26

☐ Prends ton livre !
☒ Prête-moi ton livre !

☐ Pose ton livre !
☐ Tiens, voilà mon livre !

3B

Livre de l'élève p. 12
GP p. 26

blanc (blanche) - bleu(e) - jaune - noir(e) - rouge - vert(e)

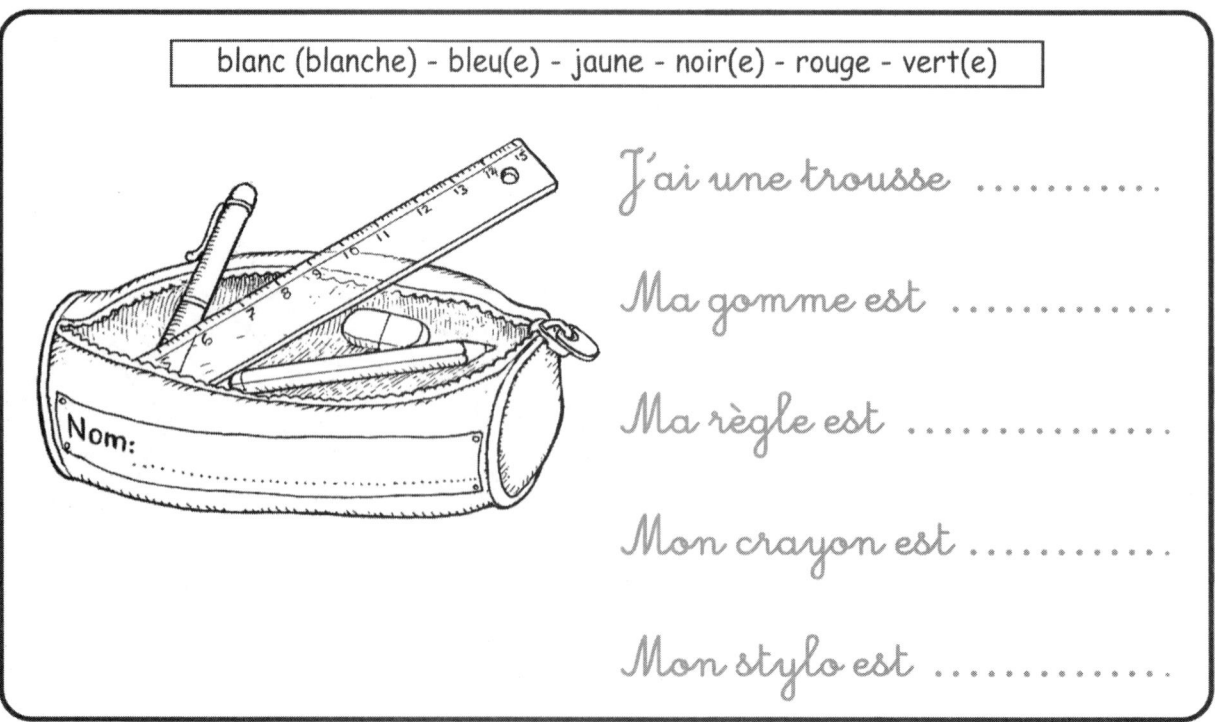

J'ai une trousse ....

Ma gomme est ....

Ma règle est ....

Mon crayon est ....

Mon stylo est ....

Cahier de vie

Comment tu t'appelles ?   Tu as quel âge ?
....

Tu as un chien ? une perruche ? de quelle couleur ?
....

4A

Tu sais répondre
à ces questions ?

Livre de l'élève p. 13
GP p. 28

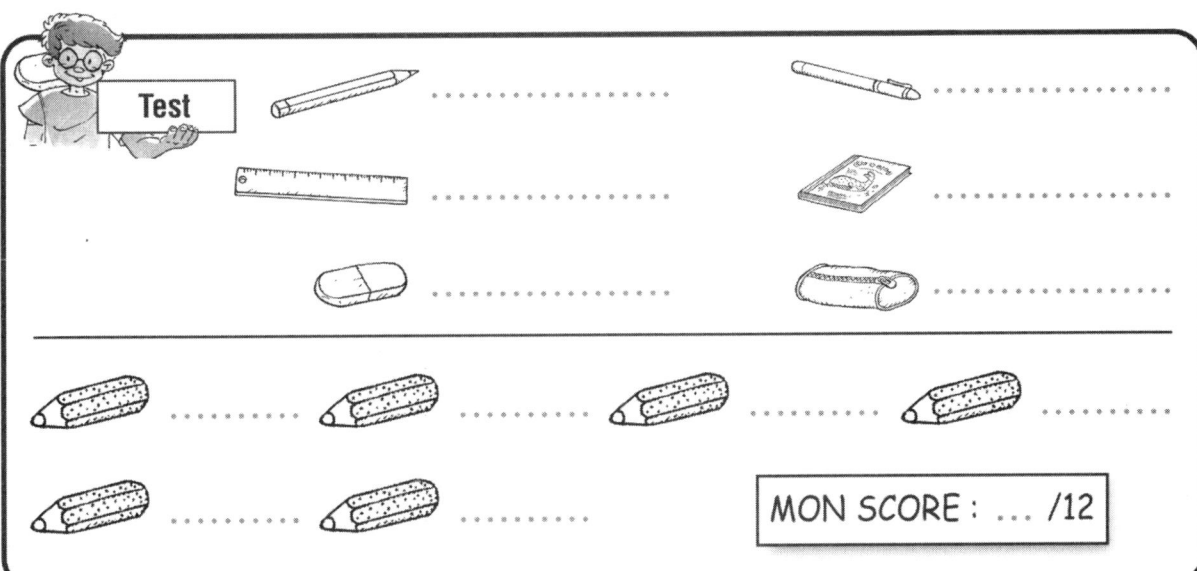

MON SCORE : ... /12

4B

Tu sais dire
ces mots en français ?
Ecris-les
avec leur article !

Combien de couleurs
sais-tu dire
en français ?
Colorie les crayons
et écris les mots !

Auto-évaluation, Unité 3

 Super !    Pas mal !    À revoir !

4C

Evalue ton travail !

 Dico-mémento

4D

Découpe les mots
et colle-les,
puis contrôle
ce que tu sais !

13

Qui es-tu ? Qu'est-ce que tu fais ?

Ecris les mots !

Livre de l'élève p. 16
GP p. 30

dauphin - dragon - ~~hamster~~ - éléphant - ours - papillon - perruche - tigre - tortue

Fabrique ton badge !

Livre de l'élève p. 16
GP p. 30

Tu as besoin de :

Je suis un dauphin   Je suis un tigre

un chat - un chien - un dauphin - un dragon - un éléphant - un hamster - un ours - un papillon - une perruche - un poisson rouge - un tigre - une tortue

2A

Ecris une lettre et adresse-la à ton ou ta camarade !

Livre de l'élève p. 17
GP p. 32

| je suis un(e) | je danse | je marche | je nage | je saute | je vole | comme un(e) |

Bonjour .... !
Ça va ? Aujourd'hui, ...
....

Salut !
....

2B

Va interviewer tes camarades !

Livre de l'élève p. 17
GP p. 32

un chat - un chien - un dauphin - un dragon - un éléphant - un hamster - un ours - un papillon - une perruche - un poisson rouge - un tigre - une tortue

Qui es-tu ? Qu'est-ce que tu fais ?

Prénoms	🐻	🐘	🦋	🐟	🐯	🐲	
....							
....							
....							
....							
....							
....							

3A

Relie les dessins aux phrases !

Livre de l'élève p. 18
GP p. 34

Tu voles !
Tu comptes !
Tu danses !

Tu chantes !
Tu nages !
Tu sautes à la corde !

3B

Complète les bulles !

Livre de l'élève p. 18
GP p. 34

Je marche et tu sautes !   Je joue et tu chantes !
Je danse et tu voles !   Je compte et tu nages !

16

Unité 4 — LEÇON 4

Cahier de vie

Qu'est-ce que tu fais ? Tu chantes ? Tu joues ? Tu comptes ?
Je ....

Tu nages comme un dauphin ? Tu marches comme un ours ?
Je .... comme .... !

4A

Tu sais répondre à ces questions ?

Livre de l'élève p. 19
GP p. 36

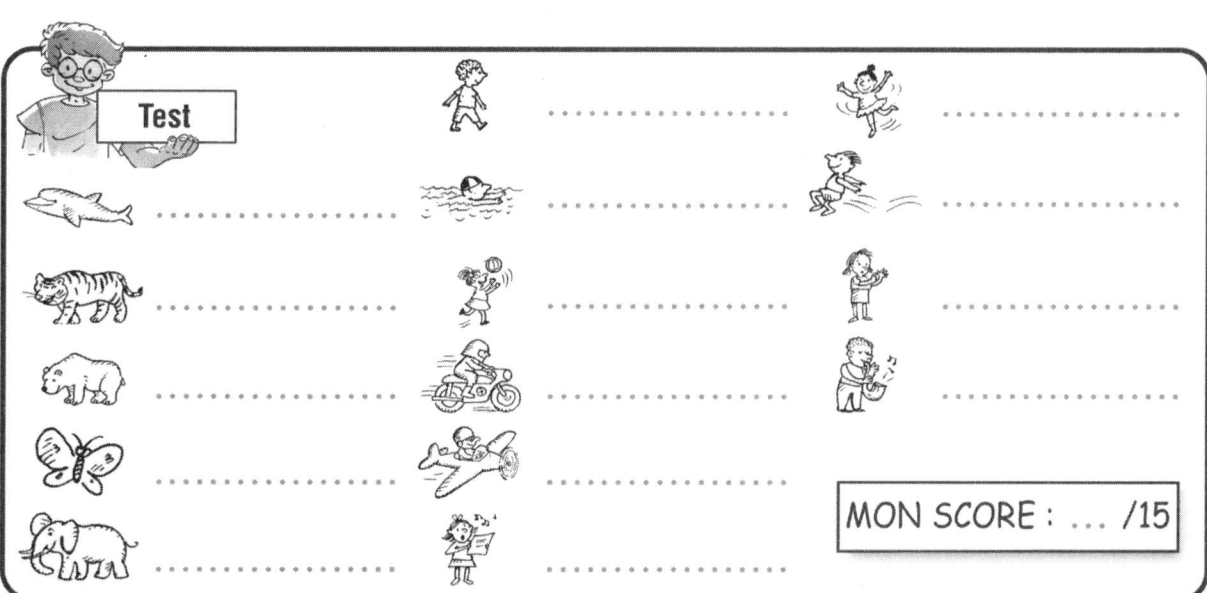

Test

4B

Tu sais dire ces mots en français ?
Ecris-les !
[Attention !
Ne pas mettre « avec leur article » svp.]

MON SCORE : ... /15

Auto-évaluation, Unité 4

 Super !
 Pas mal !
 À revoir !

4C

Evalue ton travail !

 **Dico-mémento**

4D

Découpe les mots et colle-les, puis contrôle ce que tu sais !

Qu'est-ce que tu veux ?

1A

Regarde et écris !

Livre de l'élève p. 20
GP p. 38

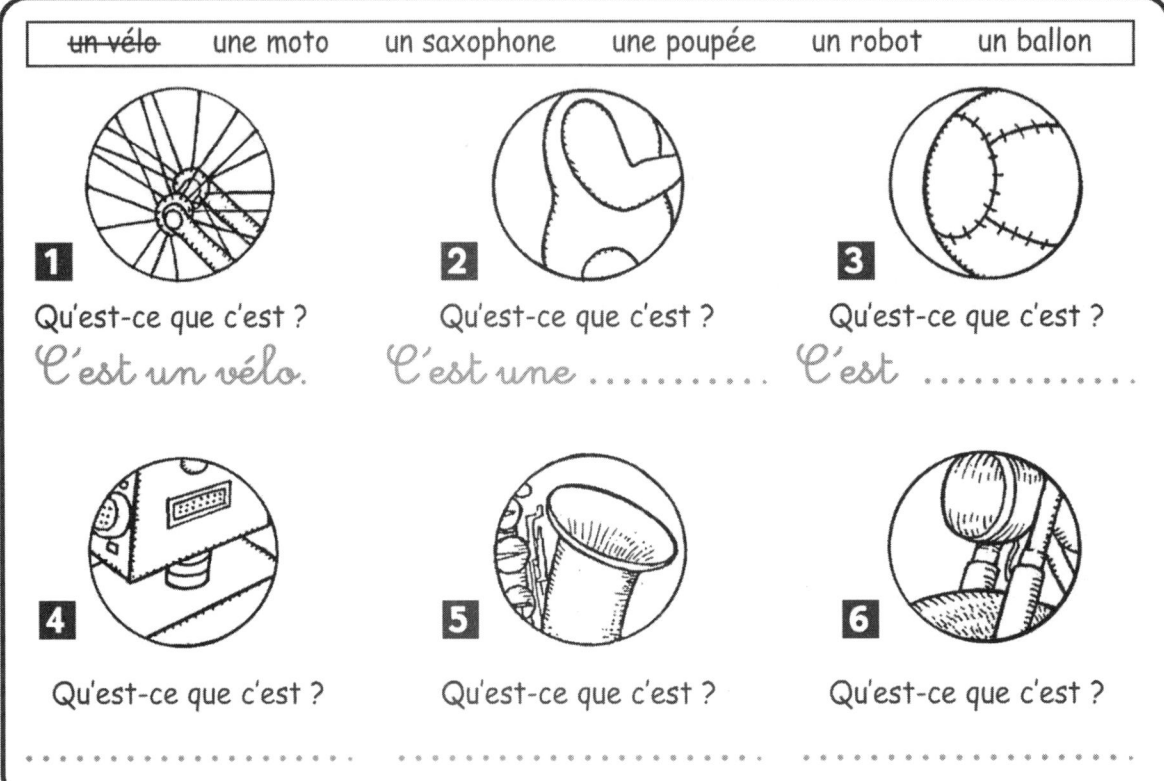

| ~~un vélo~~ une moto un saxophone une poupée un robot un ballon |

1 Qu'est-ce que c'est ?
C'est un vélo.

2 Qu'est-ce que c'est ?
C'est une ....

3 Qu'est-ce que c'est ?
C'est ....

4 Qu'est-ce que c'est ?
....

5 Qu'est-ce que c'est ?
....

6 Qu'est-ce que c'est ?
....

1B

Ecris une lettre et adresse-la à ton ou ta camarade !

Livre de l'élève p. 20
GP p. 38

un vélo - une moto - un saxophone - une guitare - une poupée - un robot - un ballon
un frère - une sœur - un chat - un chien - un hamster - une perruche
un poisson rouge - une tortue - une gomme - un stylo - une trousse - une règle

Bonjour .... !

J'ai ....

....

Je n'ai pas de ....

....

Au revoir !

....

Unité 5 — LEÇON 2

2A

Retrouve les mots et entoure-les dans la grille !

Livre de l'élève p. 21
GP p. 40

→
trousse
règle
poisson
hamster
papillon
dragon
stylo
chat
ballon

↓
éléphant
robot
livre
saxophone
tigre

↗
chien
ours
dauphin
vélo

↘
~~crayon~~

2B

Lis et numérote les phrases !

Livre de l'élève p. 21
GP p. 40

Joyeux Anniversaire !

[5] Pour mon anniversaire, je veux danser.
☐ Pour mon anniversaire, je veux manger.
☐ Pour mon anniversaire, je veux dormir.
☐ Pour mon anniversaire, je veux boire.
☐ Pour mon anniversaire, je veux jouer.
☐ Pour mon anniversaire, je veux chanter.

Unité 5 — LEÇON 3

3A

A quoi joue une fille ?
A quoi joue un garçon selon toi ?
Mets une croix dans les cases !

Livre de l'élève p. 22
GP p. 42

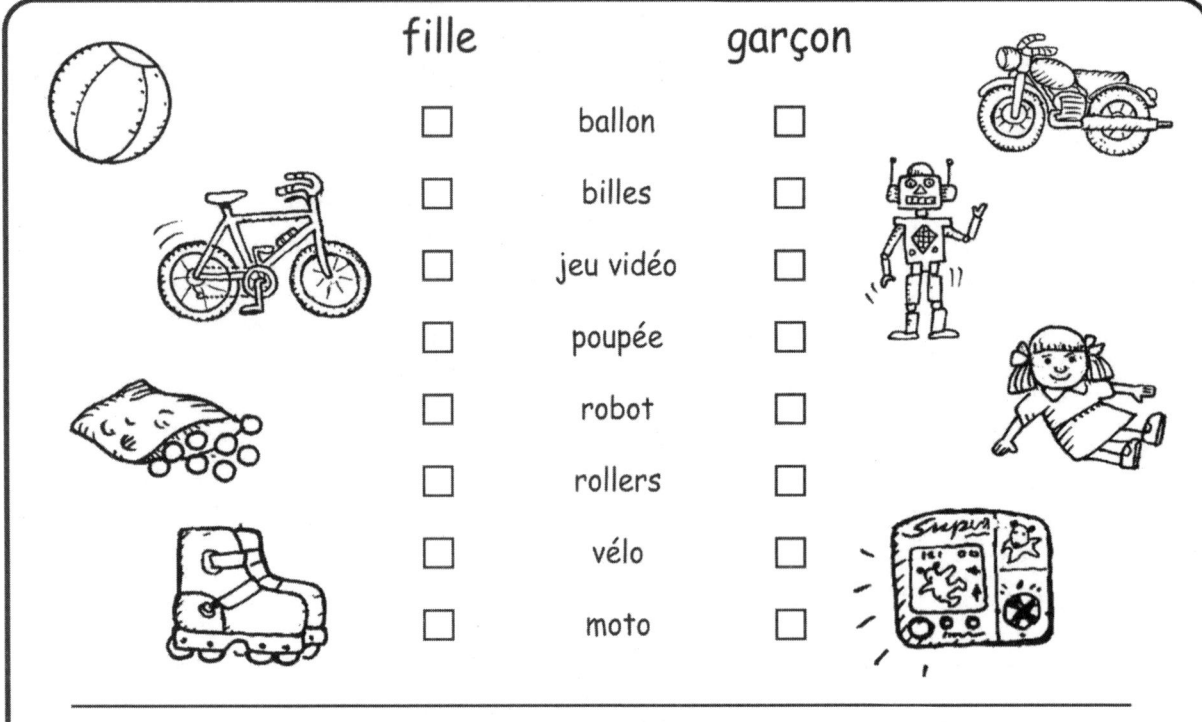

	fille	garçon
ballon	☐	☐
billes	☐	☐
jeu vidéo	☐	☐
poupée	☐	☐
robot	☐	☐
rollers	☐	☐
vélo	☐	☐
moto	☐	☐

Lis et colorie les jouets !

Le robot est bleu et vert. La poupée est blanche, bleue et rouge.
Le roller est jaune et noir. Le ballon est rouge et blanc.
Le jeu vidéo est jaune. Le vélo est vert. Une bille est bleue. La moto est rouge.

3B

Reconstitue les phrases !

Livre de l'élève p. 22
GP p. 42

faire   ~~Je veux~~   ~~aux billes.~~
Je veux   ~~jouer~~   Je veux
du saxophone.   du roller.
jouer   au ballon.   Je veux   jouer
Je veux   de la guitare.
Je veux   faire
faire   Je veux   Je veux
jouer   du vélo.
à la poupée.   de la moto.

1. *Je veux jouer aux billes.*
2. ....
3. ....
4. ....
5. ....
6. ....
7. ....
8. ....

Unité 5 LEÇON 4

Cahier de vie

Qu'est-ce que tu fais ? Tu joues au ballon ? à la poupée ?

Qu'est-ce que tu veux pour ton anniversaire ?

Qu'est-ce que tu veux faire pour ton anniversaire ?

4A

Tu sais répondre à ces questions ?

Livre de l'élève p. 23
GP p. 44

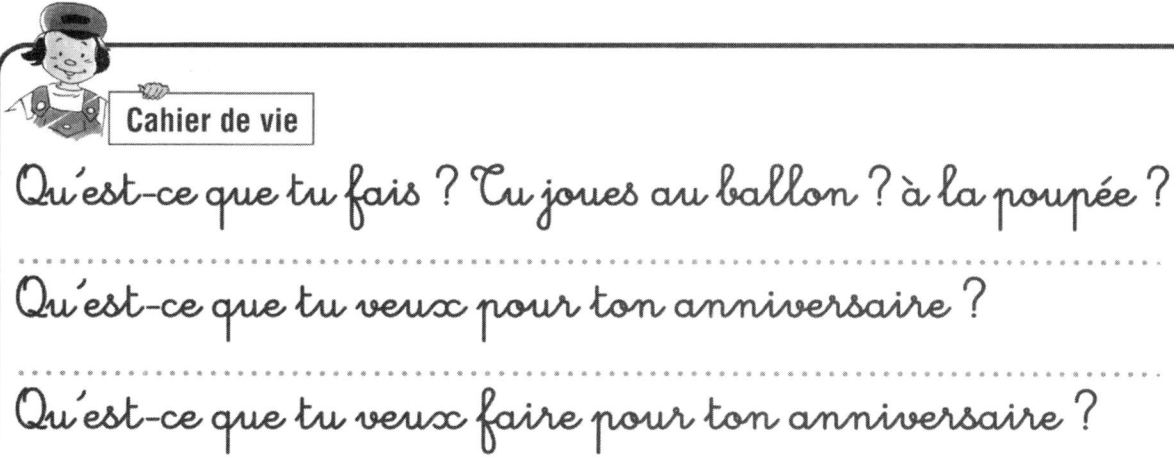

Test

4B

Tu sais dire ces mots en français ? Ecris-les !
[Attention ! Ne pas mettre « avec leur article » svp.]

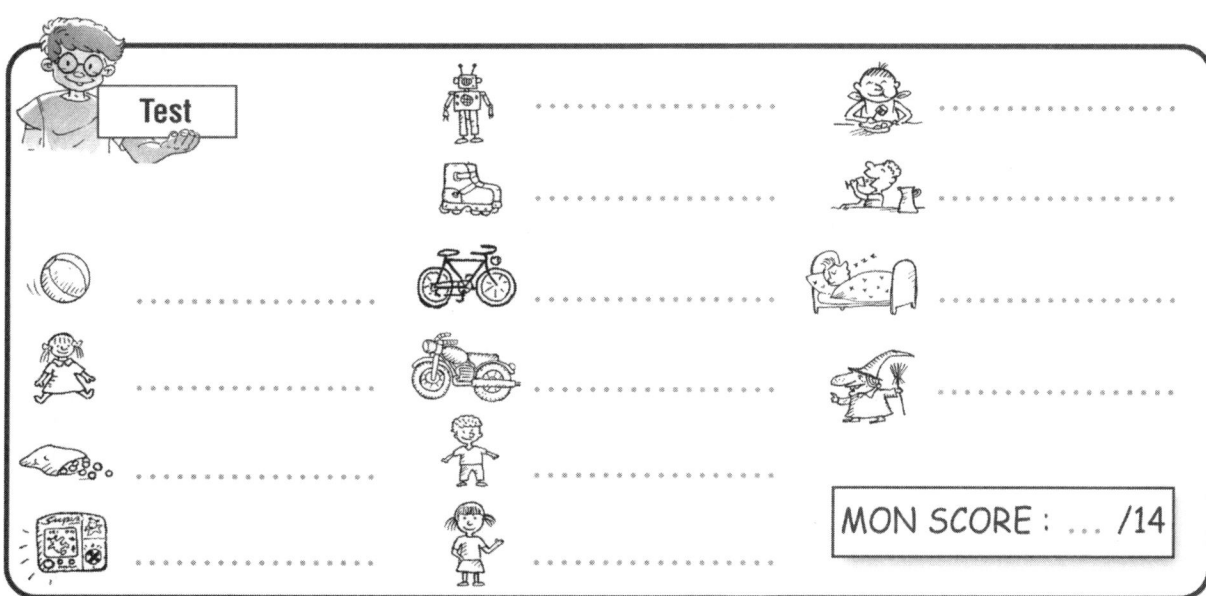

MON SCORE : ... /14

Auto-évaluation, Unité 5

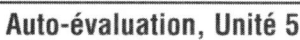
 Super !
 Pas mal !
 À revoir !

4C

Evalue ton travail !

 **Dico-mémento**

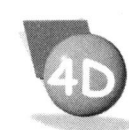

4D

Découpe les mots et colle-les, puis contrôle ce que tu sais !

Noël ? Qu'est-ce qu'il y a à Noël ?

1A

Ecris les mots !

Livre de l'élève p. 24
GP p. 46

~~le père Noël~~   un vélo   des rollers   un ballon   une poupée   une guitare
des billes   un jeu vidéo   un robot   des chocolats   une bûche de Noël

le père Noël

1B

Relie les nombres aux mots !

Livre de l'élève p. 24
GP p. 46

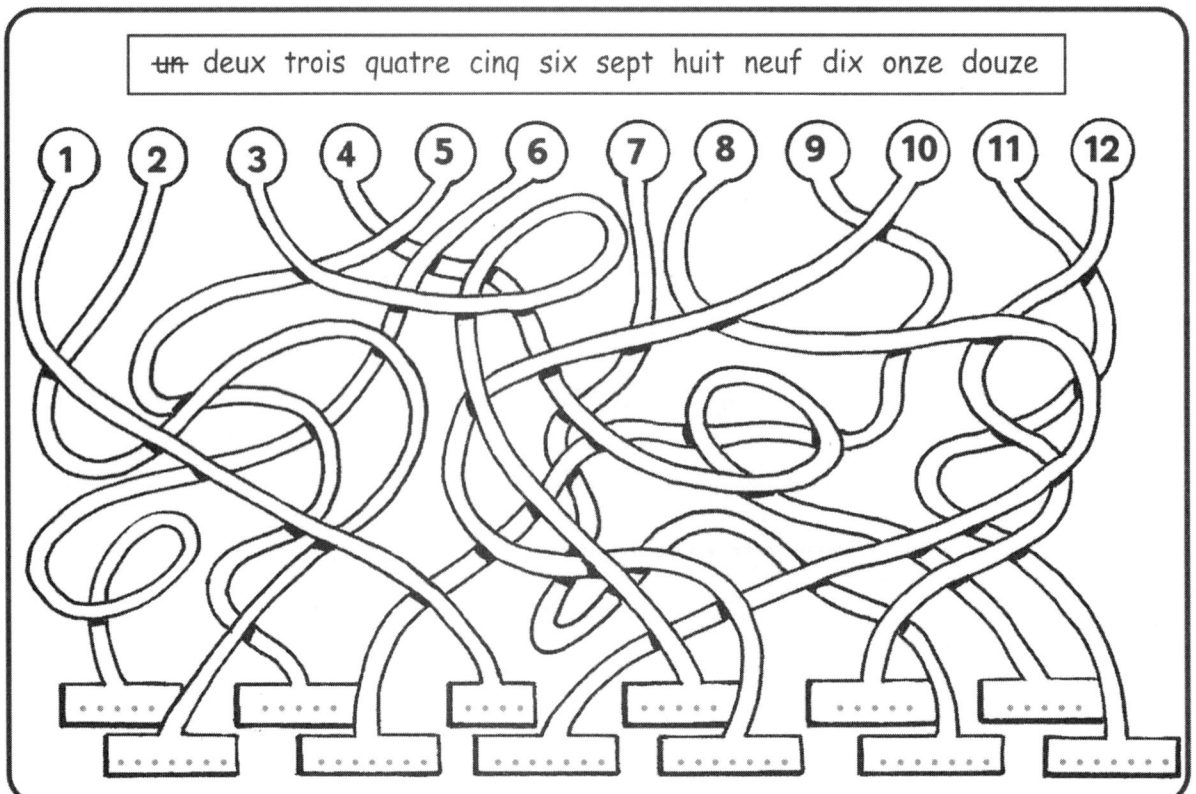

~~un~~ deux trois quatre cinq six sept huit neuf dix onze douze

2A

Ecris !

Livre de l'élève p. 25
GP p. 48

des rollers   un télescope   un ours   un appareil photo

1 **2**

Je voudrais ....

3 **4**

....

---

un livre   un stylo   un saxophone   une guitare   un chat   un chien   un ours
un dauphin   un ballon   des billes   un jeu vidéo   une poupée   un robot
des rollers   un vélo   des chocolats   un télescope   un appareil photo

Cher père Noël !

Je voudrais ....

Je voudrais aussi ....

....

Merci !

....

2B

Ecris ta lettre
au père Noël
et décore-la !

Livre de l'élève p. 25
GP p. 48

Unité 6 — LEÇON 3

3A

Décris ce qu'il y a !

Livre de l'élève p. 26
GP p. 50

1. Il y a un ballon. 2. Il y a une ....
3. Il y a .... 4. .... 5. ....
6. .... 7. ....

3B

Regarde l'image dans le livre page 26. Ecris les mots !

Livre de l'élève p. 26
GP p. 50

b	*billes*
	_ _ _ _ _ _
	_ _ _ _ _ _ (de Noël)
	_ _ _ _ _ _
	_ _ _ _ _ _ (de Noël)
c	_ _ _ _
	_ _ _ _
	_ _ _ _ _ _ _
	_ _ _ _ _ _
d	_ _ _ _ _ _ _
	_ _ _ _ _ _
e	_ _ _ _ _ _ _ _
	_ _ _ _ _ _ _ _

g	_ _ _ _ _ _ _ _
	_ _ _ _ _ _
p	_ _ _ _ _ _ _ _
	_ _ _ _ _ _
	_ _ _ _ _ _
t	_ _ _ _ _ _ _
	_ _ _ _ _
	_ _ _ _ _ _
v	_ _ _ _

Unité 6 — Leçon 4

Cahier de vie

Qu'est-ce que tu voudrais pour Noël ?

Pour Noël, je voudrais ....
....
....

4A

Tu sais répondre à cette question ?

Livre de l'élève p. 27
GP p. 52

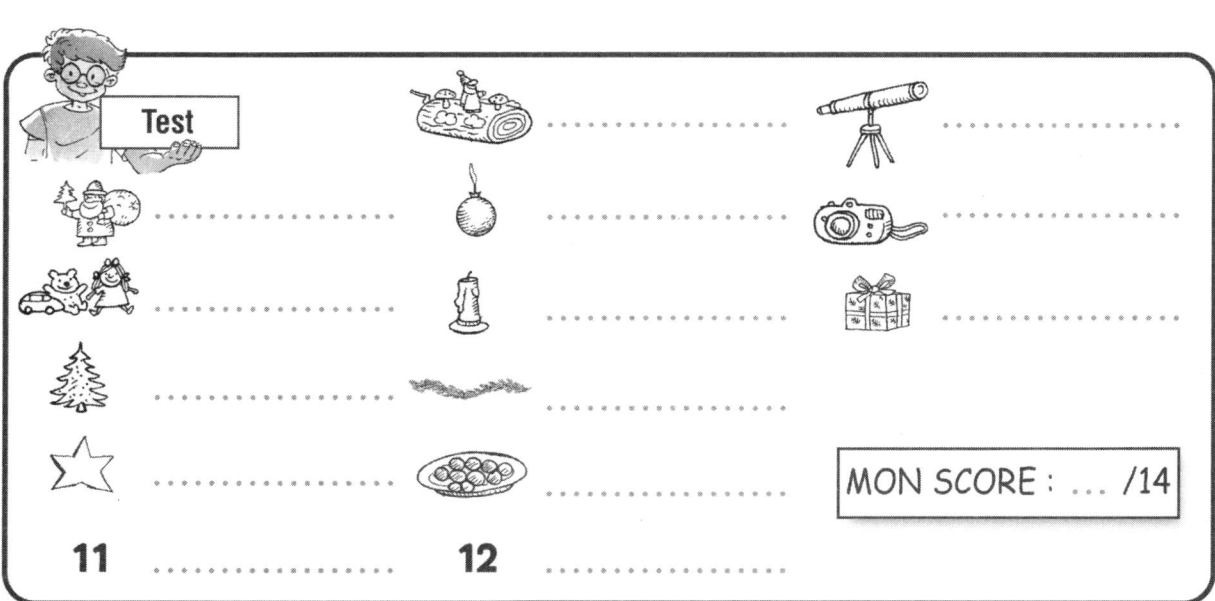

Test

MON SCORE : ... /14

11 .... 12 ....

4B

Tu sais dire ces mots en français ?
Ecris-les !
[Attention !
Ne pas mettre
« avec leur article »
svp.]

Auto-évaluation, Unité 6

  Super !

  Pas mal !

  À revoir !

4C

Evalue ton travail !

 **Dico-mémento**

4D

Découpe les mots et colle-les, puis contrôle ce que tu sais !

25

Qu'est-ce que tu aimes ?

1A

Lis et écris les noms !

Livre de l'élève p. 30
GP p. 54

J'ai trois bananes, une pomme, une orange et une poire !   Alex

J'ai trois pommes, une banane, une orange et deux poires !   ....

J'ai une banane, une orange, trois pommes et pas de poire !   ....

J'ai trois bananes, trois pommes, une orange et deux poires !   ....

1B

Retrouve le nom des fruits et écris les mots !

Livre de l'élève p. 30
GP p. 54

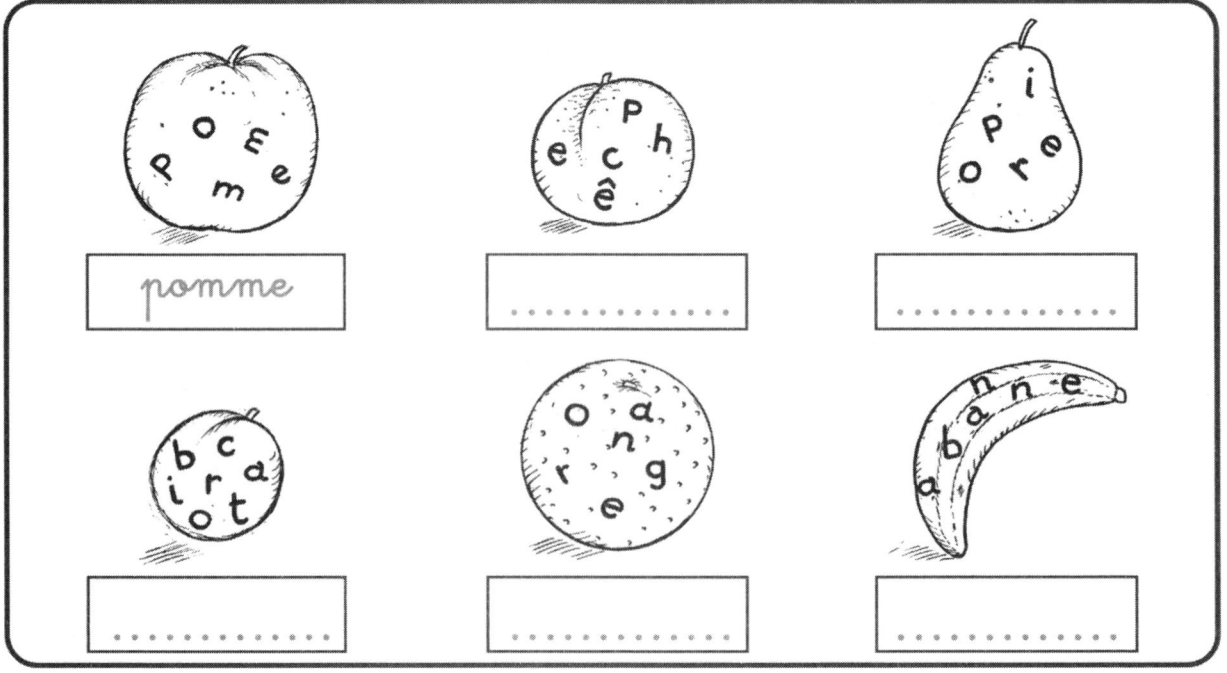

pomme

26

Unité 7 — Leçon 2

2A

Dessine et écris !
Puis adresse
ta lettre à ton ou
ta camarade !

Livre de l'élève p. 31
GP p. 56

J'aime	Je n'aime pas

J'aime les frites. J............ le poisson. J............ la salade. J............ le fromage. J............ le poulet. J............ les pommes. J............ les bananes. J............ les oranges. J............ les gâteaux.

2B

Ecris les mots !

Livre de l'élève p. 31
GP p. 56

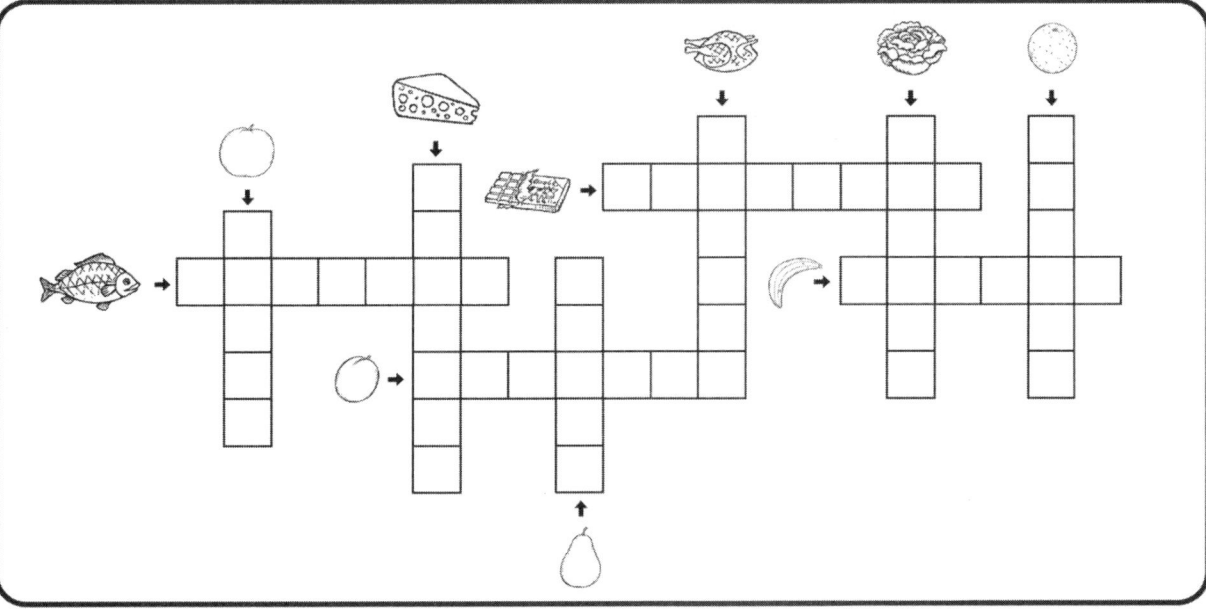

Unité 7 LEÇON 3

3A

Ecris !

Livre de l'élève p. 32
GP p. 58

1. Il aime ....
2. Il aime ....
3. Il aime ....

3B

Va interviewer tes camarades et écris !

Livre de l'élève p. 32
GP p. 58

| | la salade | le poisson | le poulet | les frites |
| | le fromage | les pommes | les bananes | les gâteaux |

Tu aimes? / Prénoms								
....								
....								
....								
....								
....								

.... aime le poulet, les frites et les bananes.
.... aime ....
.... aime ....
.... aime ....
.... aime ....

Cahier de vie

Qu'est-ce que tu aimes ?

J..

Qu'est-ce que tu n'aimes pas ?

J..

Tu sais répondre à ces questions ?

Livre de l'élève p. 33
GP p. 60

Test

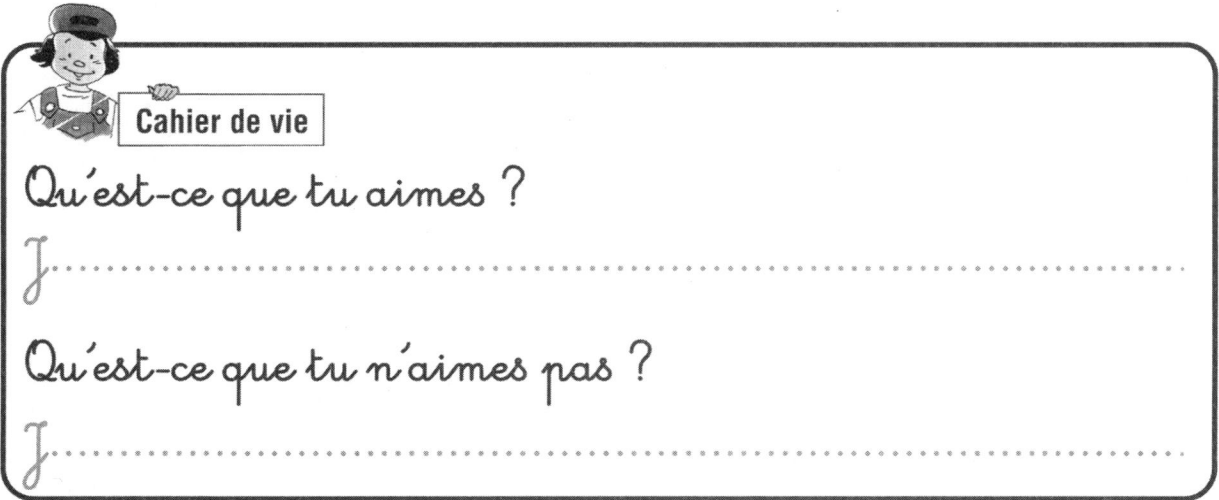

MON SCORE : ... /12

Tu sais dire ces mots en français ? Ecris-les avec leur article !

Auto-évaluation, Unité 7

 Super !
 Pas mal !
 À revoir !

Evalue ton travail !

Dico-mémento

Découpe les mots et colle-les, puis contrôle ce que tu sais !

Unité 8 LEÇON 1

Qu'est-ce que tu sais faire ?

1A

Lis et colorie les nombres !

Livre de l'élève p. 34
GP p. 62

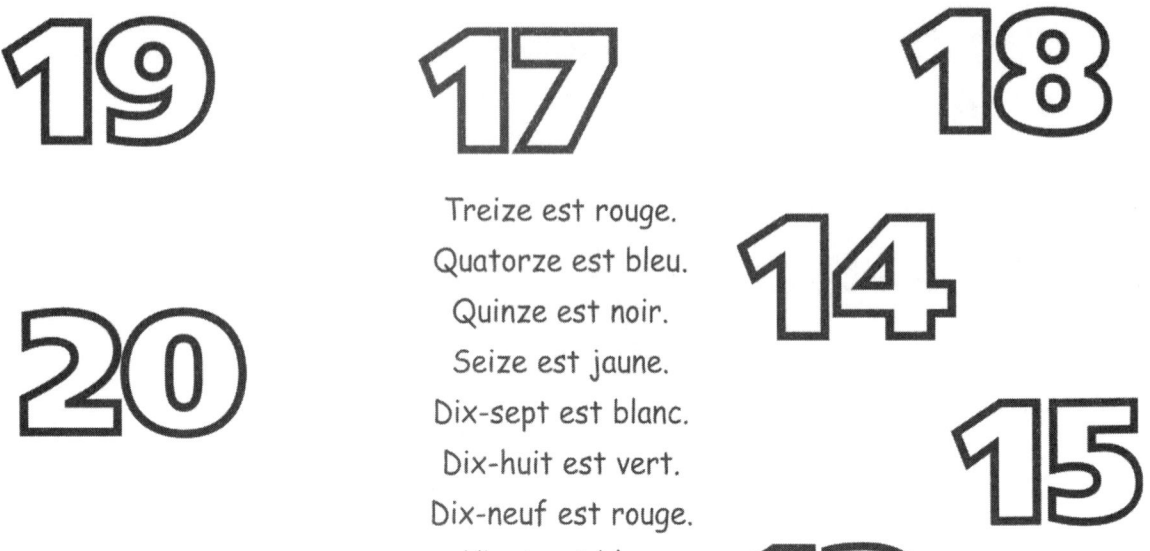

19 17 18 20 14 15 16 13

Treize est rouge.
Quatorze est bleu.
Quinze est noir.
Seize est jaune.
Dix-sept est blanc.
Dix-huit est vert.
Dix-neuf est rouge.
Vingt est bleu.

1B

Réponds et écris !

Livre de l'élève p. 34
GP p. 62

lire   écouter de la musique   compter   dessiner   jouer au ballon   nager
jouer à la poupée   jouer aux billes   faire du vélo   dormir   danser   chanter

Ce que j'aime faire

	🐇	🎵	👏	✏️	⚽	👧	🔵	🚲	🛏️
😊 beaucoup									
😐 un peu									
☹️ pas du tout									

J'aime ....

Unité 8 Leçon 2

2A

Ecris une lettre et adresse-la à ton ou ta camarade !

Livre de l'élève p. 35
GP p. 64

Bonjour .... !

J'aime ....

Je n'aime pas ....

Et toi ? Qu'est-ce que tu aimes faire ?

Au revoir !

....

2B

Ecris !

Livre de l'élève p. 35
GP p. 64

faire du cheval   jongler   faire la cuisine   jouer de la flûte   faire du ski   faire du judo

Mamie sait ....
Alex ne sait pas ....
Loulou ....
Zoé ....
Croquetout ....
Basile ....

31

Unité 8 LEÇON 3

3A

Va interviewer tes camarades et écris !

Livre de l'élève p. 36
GP p. 66

Est-ce que tu sais... ?

Prénoms	faire du cheval	faire la cuisine	jongler	sauter à la corde	jouer aux billes	nager	danser	faire du vélo	jouer de la flûte
....									
....									
....									
....									
....									

sait = *oui*

ne sait pas = *non*

...... *sait* .... Il / Elle *ne sait pas* ....
...... *sait* .... Il / Elle *ne sait pas* ....
...... *sait* .... Il / Elle *ne sait pas* ....
...... *sait* .... Il / Elle *ne sait pas* ....
...... *sait* .... Il / Elle *ne sait pas* ....

3B

Regarde l'image dans le livre page 36.
Ecris les mots !

Livre de l'élève p. 36
GP p. 66

f	(jouer de la) f l û t e (jouer au) _ _ _ _ _ _ _	n	_ _ _ _ _
c	_ _ _ _ _ _ _ _ _ _ _ _ _ _ (faire du) _ _ _ _ _ _ (faire la) _ _ _ _ _ _	s	(jouer du) _ _ _ _ _ _ _ (faire du) _ _ _ _ _ _ _ _ _ _ (à la corde)
g	(jouer de la) _ _ _ _ _ _ _ (manger du) _ _ _ _ _ _	r	(faire du) _ _ _ _ _
j	_ _ _ _ _ _ _ (faire du) _ _ _ _ _	t	(jouer au) _ _ _ _ _ _

Unité 8 — Leçon 4

Cahier de vie

Qu'est-ce que tu sais faire ?
....

Qu'est-ce que tu ne sais pas faire ?
....

4A

Tu sais répondre à ces questions ?

Livre de l'élève p. 37
GP p. 68

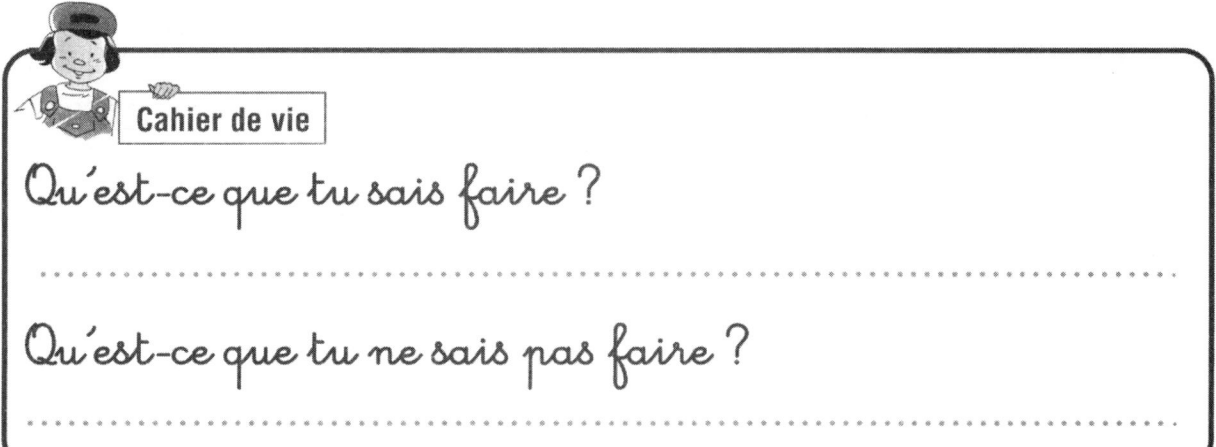

4B

Tu sais dire ces mots en français ? Ecris-les !
[Attention ! Ne pas mettre « avec leur article » svp.]

Tu sais dire ces nombres en français ?
oui / non

Auto-évaluation, Unité 8

  Super !    Pas mal !    À revoir !

4C

Evalue ton travail !

 Dico-mémento

4D

Découpe les mots et colle-les, puis contrôle ce que tu sais !

Qu'est-ce que tu mets aujourd'hui ?

Complète les bulles !

Livre de l'élève p. 38
GP p. 70

Je mets   une robe   un pantalon   un pull   une jupe   un jean   un tee-shirt

Relie les mots aux vêtements !

Livre de l'élève p. 38
GP p. 70

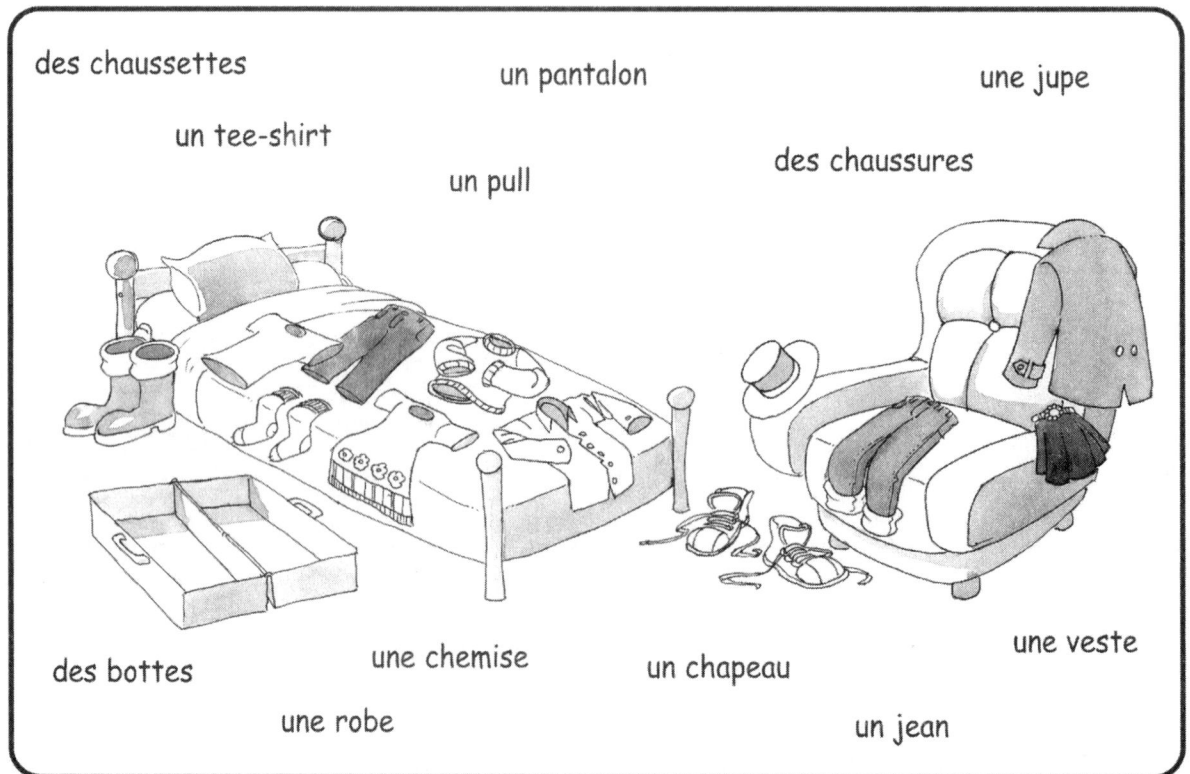

des chaussettes   un pantalon   une jupe
un tee-shirt   des chaussures
          un pull

des bottes   une chemise   un chapeau   une veste
          une robe   un jean

Unité 9 LEÇON 2

2A
Colorie et écris !

Livre de l'élève p. 39
GP p. 72

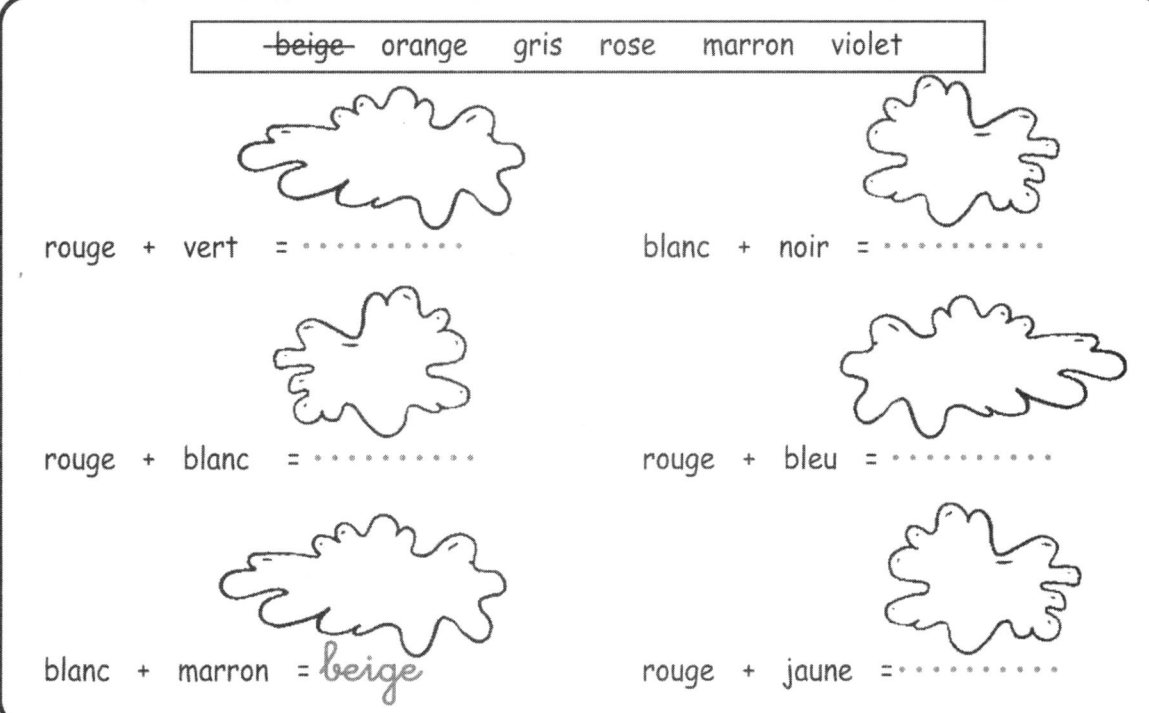

~~beige~~   orange   gris   rose   marron   violet

rouge + vert = ...   blanc + noir = ...

rouge + blanc = ...   rouge + bleu = ...

blanc + marron = *beige*   rouge + jaune = ...

2B
Lis et colorie !

Livre de l'élève p. 39
GP p. 72

Mamie a une robe verte, une veste bleue, un chapeau rose et des chaussures noires.

Alex a un pantalon gris, un pull rouge, des bottes jaunes et un bonnet orange.

Zoé a un jean bleu, un tee-shirt violet, des chaussettes orange et des baskets beiges.

Unité 9 Leçon 3

3A

Ecris une lettre et adresse-la à ton ou ta camarade !

Livre de l'élève p. 40
GP p. 74

| chaussures | chemise | gilet | jean | jupe | pantalon | pull | robe | tee-shirt | veste |

| blanc (blanche) | beige | bleu(e) | gris(e) | jaune | noir(e) |
| rose | rouge | vert(e) | orange | marron | violet(te) |

Bonjour .... !

Aujourd'hui j'ai un tee-shirt ....

....

....

Et toi, qu'est-ce que tu as ?

Salut ! À bientôt !

....

3B

Colorie les personnages et complète le texte !

Livre de l'élève p. 40
GP p. 74

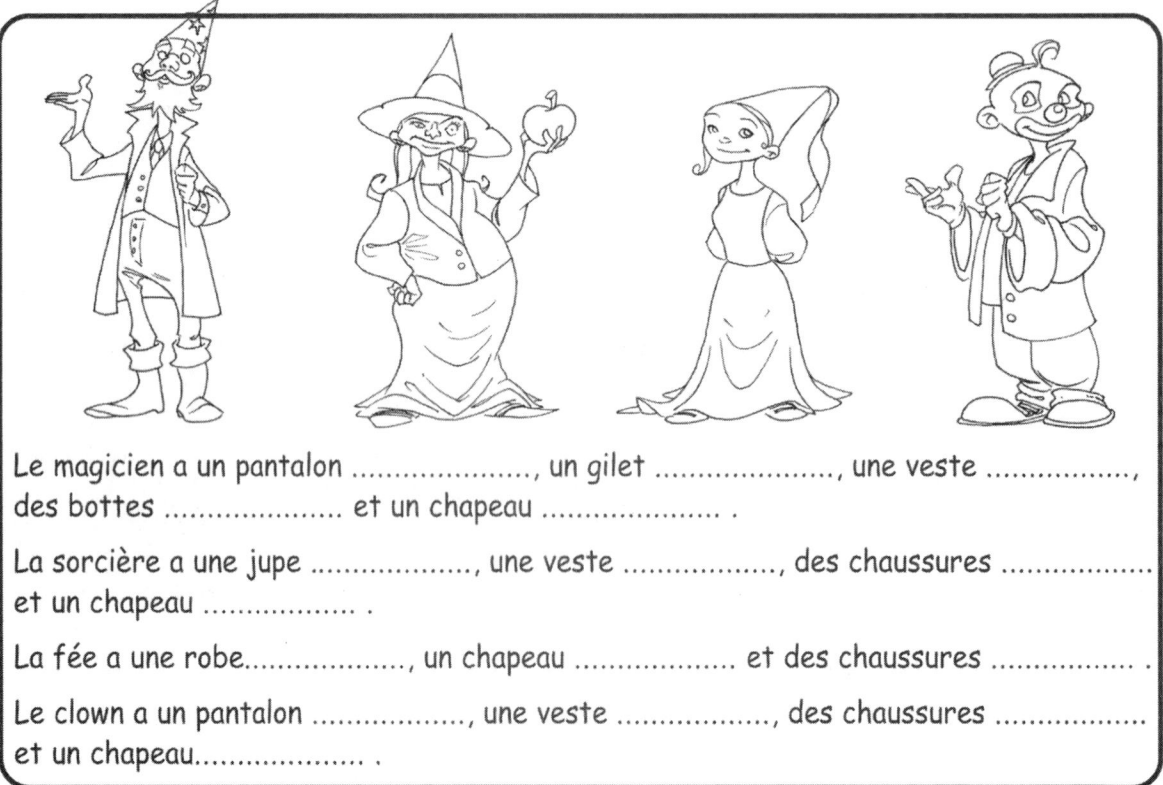

Le magicien a un pantalon ...., un gilet ...., une veste ...., des bottes .... et un chapeau ....

La sorcière a une jupe ...., une veste ...., des chaussures .... et un chapeau ....

La fée a une robe ...., un chapeau .... et des chaussures ....

Le clown a un pantalon ...., une veste ...., des chaussures .... et un chapeau ....

Unité 9 LEÇON 4

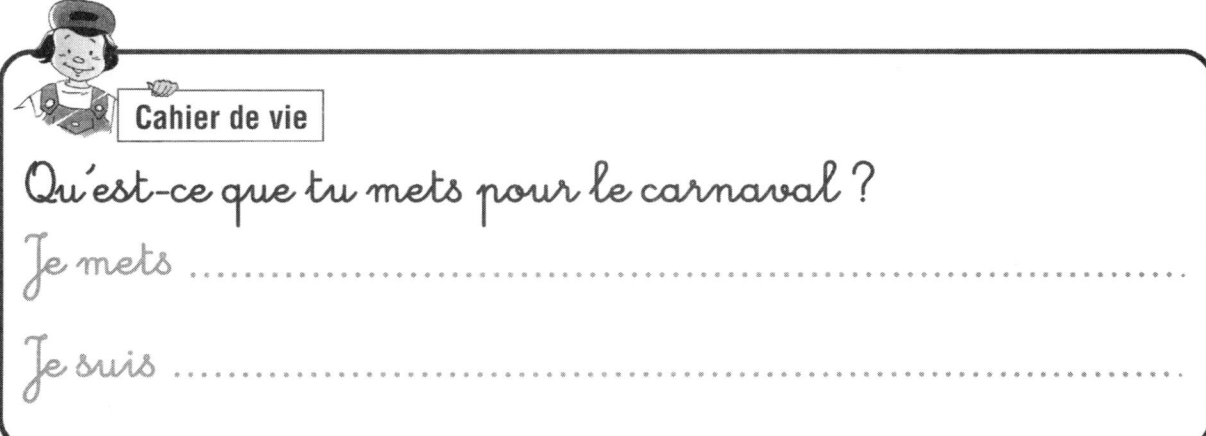

Cahier de vie

Qu'est-ce que tu mets pour le carnaval ?

Je mets ....

Je suis ....

 **4A**

Tu sais répondre à cette question ?

Livre de l'élève p. 41
GP p. 76

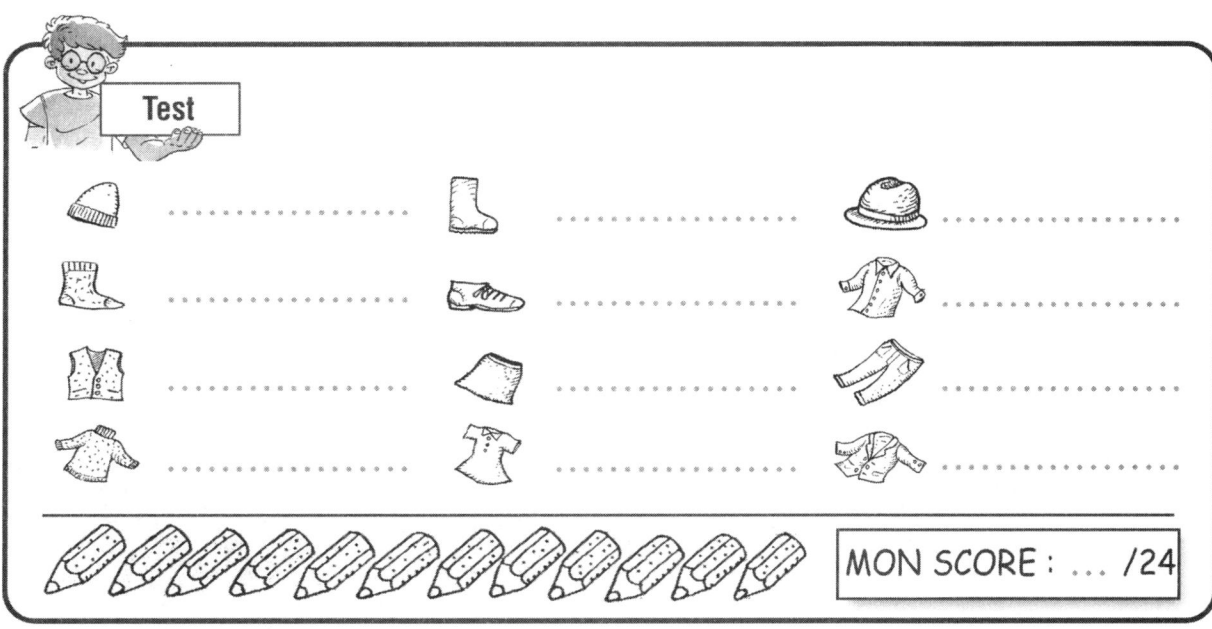

Test

MON SCORE : ... /24

 **4B**

Tu sais dire ces mots en français ? Ecris-les avec leur article !

Combien de couleurs sais-tu dire en français ? Colorie les crayons !

Auto-évaluation, Unité 9

Super !   Pas mal !   À revoir !

 **4C**

Evalue ton travail !

 **Dico-mémento**

 **4D**

Découpe les mots et colle-les, puis contrôle ce que tu sais !

37

Qu'est-ce que tu prends au petit déjeuner ?

1A

Ecris les mots !

Livre de l'élève p. 44
GP p. 78

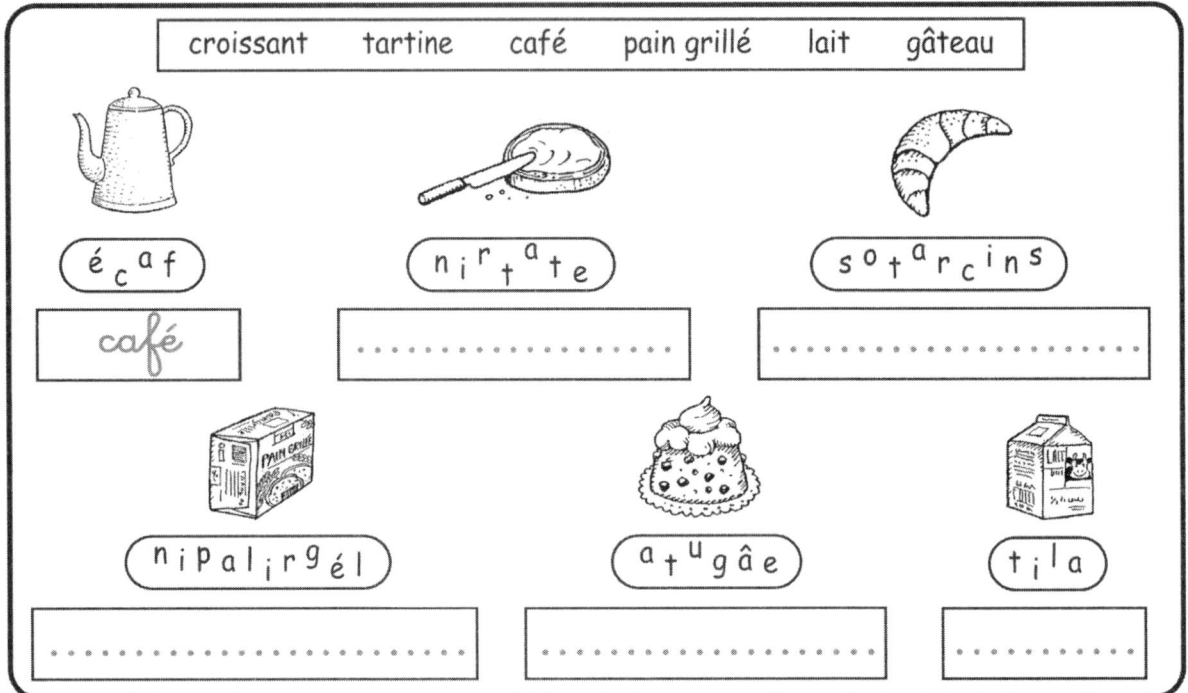

1B

Complète les phrases !

Livre de l'élève p. 44
GP p. 78

Unité 10 Leçon 2

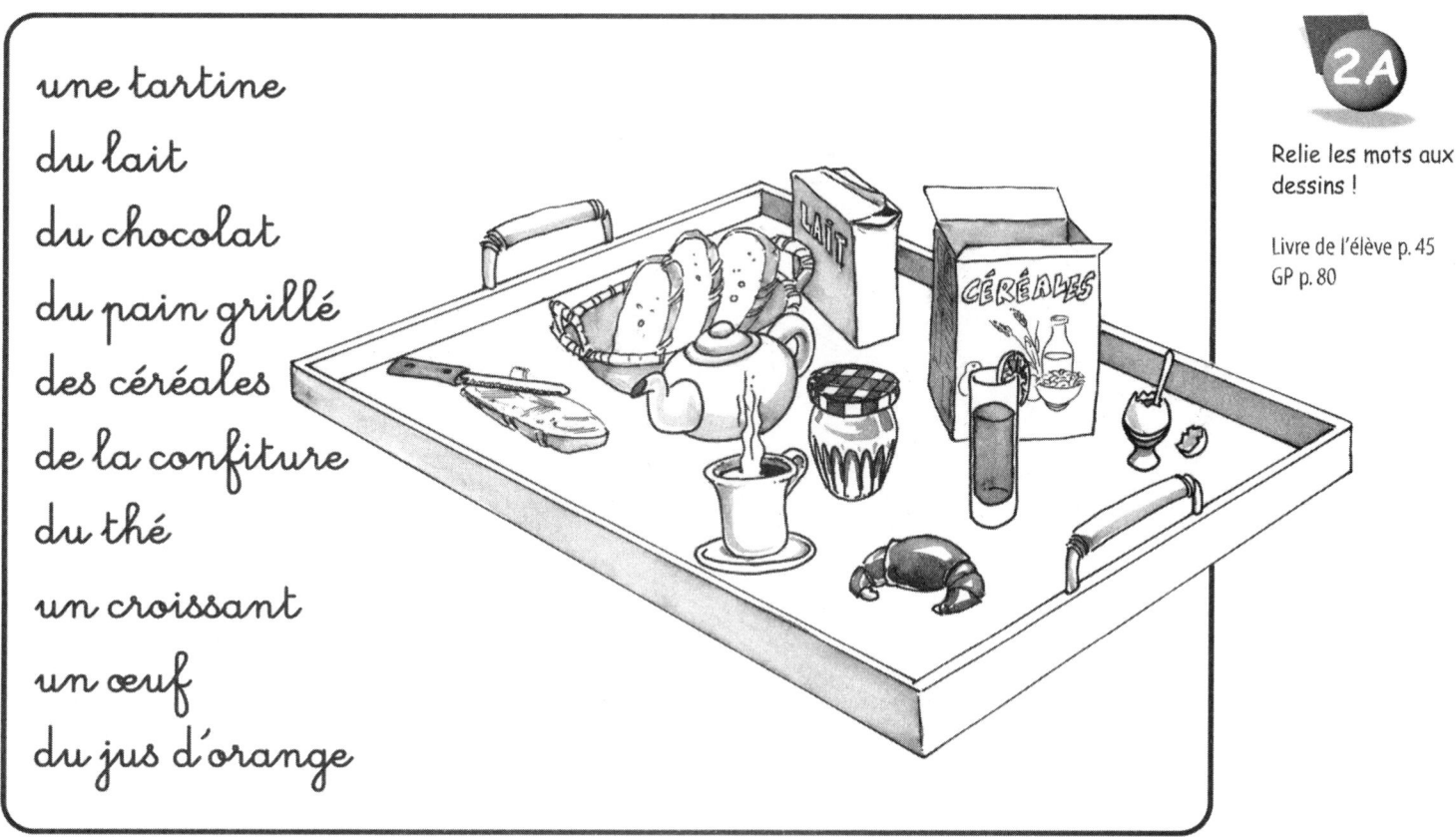

une tartine
du lait
du chocolat
du pain grillé
des céréales
de la confiture
du thé
un croissant
un œuf
du jus d'orange

2A

Relie les mots aux dessins !

Livre de l'élève p. 45
GP p. 80

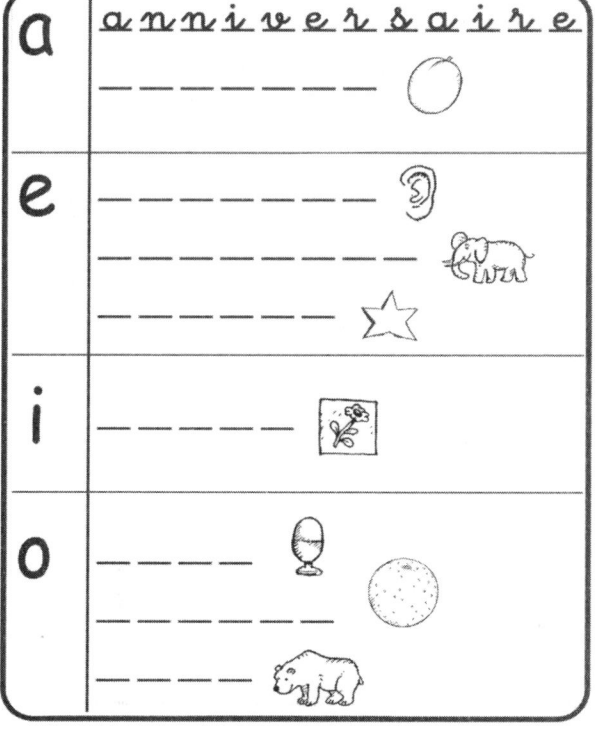

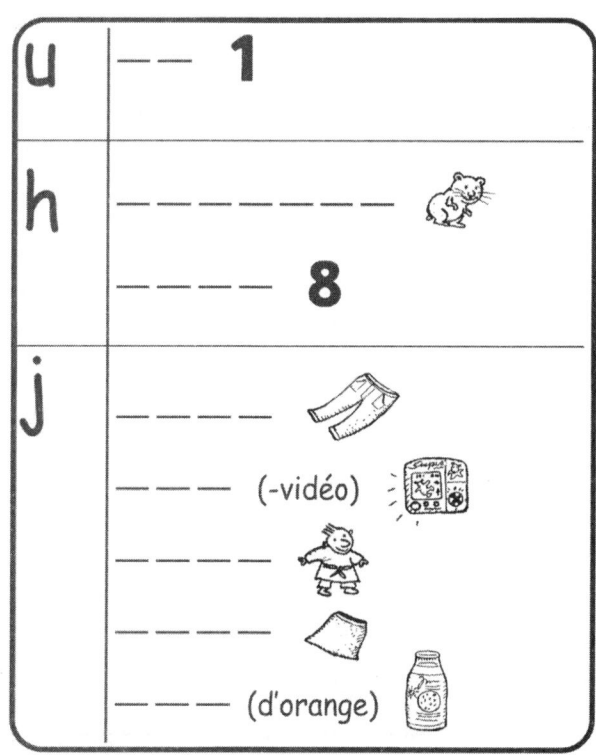

2B

Ecris les mots !

Livre de l'élève p. 45
GP p. 80

Unité 10 - LEÇON 3

3A

Décris ton petit déjeuner, dessine-le et envoie ta lettre à ton ou ta camarade !

Livre de l'élève p. 46
GP p. 82

Mon petit déjeuner

Au petit déjeuner, je prends ....

Je prends aussi ....

Et toi ?

Salut !
....

3B

Va interviewer tes camarades !

Livre de l'élève p. 46
GP p. 82

Qu'est-ce que tu prends au petit déjeuner ? Tu prends du café ? du thé ?									
Prénoms	du café	du thé	du chocolat	du jus d'orange	du lait	du pain	de la confiture	des céréales	un œuf
....									
....									
....									
....									
....									

.... prend ....
.... prend ....
.... prend ....
.... prend ....
.... prend ....

Unité 10 — Leçon 4

Cahier de vie

Qu'est-ce que tu bois au petit déjeuner ?
J..

Qu'est-ce que tu manges au petit déjeuner ?
J..

4A Tu sais répondre à ces questions ?
Livre de l'élève p. 47
GP p. 84

Test

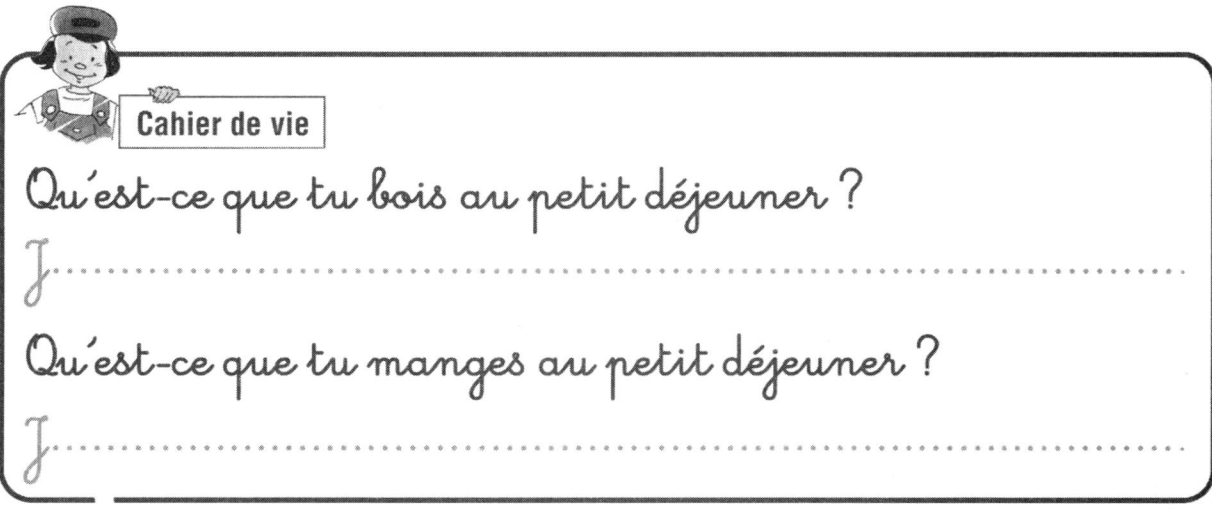

MON SCORE : ... /12

4B Tu sais dire ces mots en français ? Ecris-les avec leur article !

Auto-évaluation, Unité 10

 Super !  Pas mal !  À revoir !

4C Evalue ton travail !

Dico-mémento

  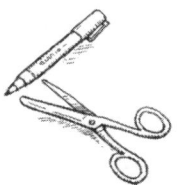 

4D Découpe les mots et colle-les, puis contrôle ce que tu sais !

Unité 11 Leçon 1

Quelle heure est-il ?

1A

Lis les phrases et écris les jours de la semaine !

Livre de l'élève p. 48
GP p. 86

☒ Lundi, je fais du vélo.
☐ Mardi, je dessine.
☐ Mercredi, je regarde la télévision.
☐ Jeudi, j'écoute de la musique.
☐ Vendredi, je joue de la flûte.
☐ Samedi, je vais nager.
☐ Dimanche, je vais au cinéma.

1B

Retrouve les mots et entoure-les dans la grille !

Livre de l'élève p. 48
GP p. 86

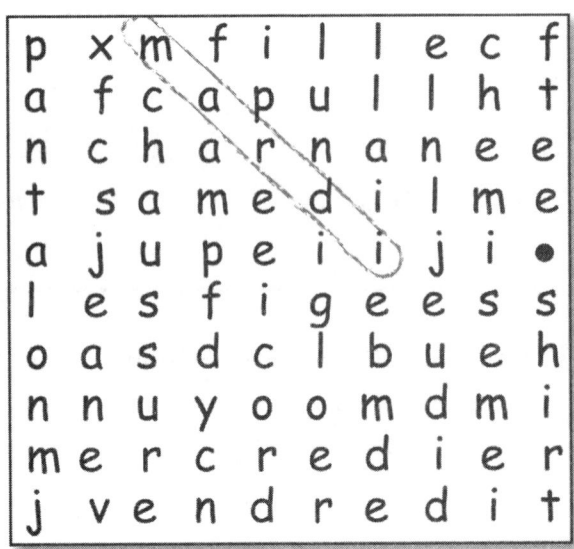

→ samedi, pull, jupe, vendredi, fille, mercredi

↓ chaussure, jeudi, tee-shirt, pantalon, chemise, jean, lundi

↗ gilet, jeudi, robe, école

↘ ~~mardi~~

2A

Lis et écris les numéros !

Livre de l'élève p. 49
GP p. 88

Le numéro vingt et un est un appareil photo !
Le numéro vingt-deux est un ballon !
Le numéro vingt-trois est une guitare !
Le numéro vingt-quatre est un bonnet !
Le numéro vingt-cinq est un clown !
Le numéro vingt-six est un jeu vidéo !
Le numéro vingt-sept est un chat !
Le numéro vingt-huit est un chapeau !
Le numéro vingt-neuf est un livre !
Le numéro trente est une flûte !
Le numéro trente et un est un ours !
Le numéro trente-deux est un robot !

2B

Relie les nombres aux mots !

Livre de l'élève p. 49
GP p. 88

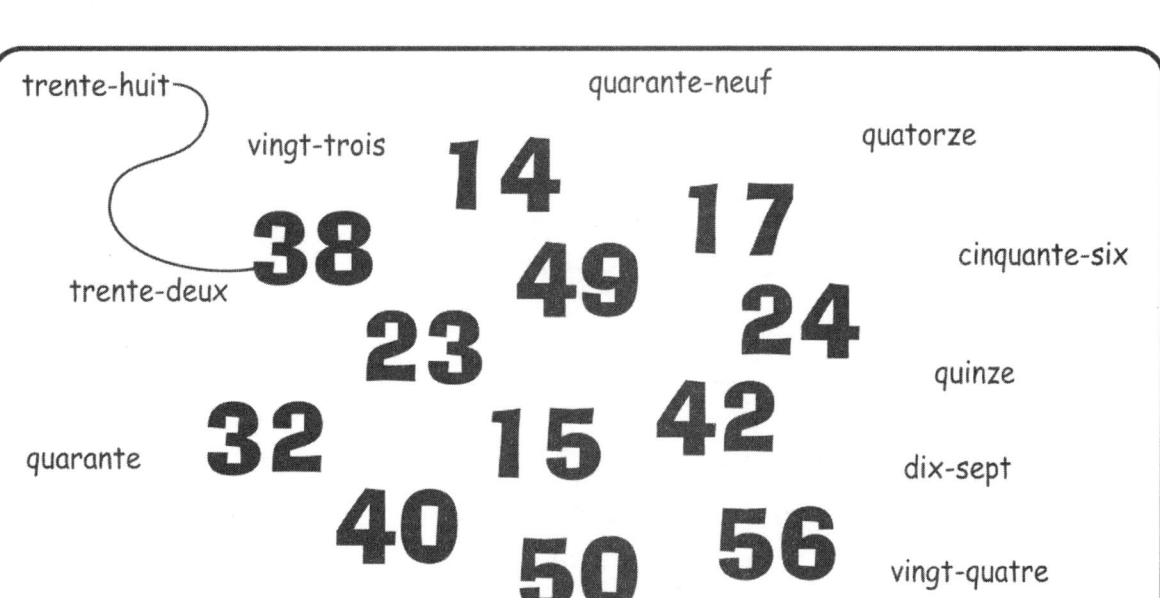

43

3A

Ecris l'heure qu'il est !

Livre de l'élève p. 50
GP p. 90

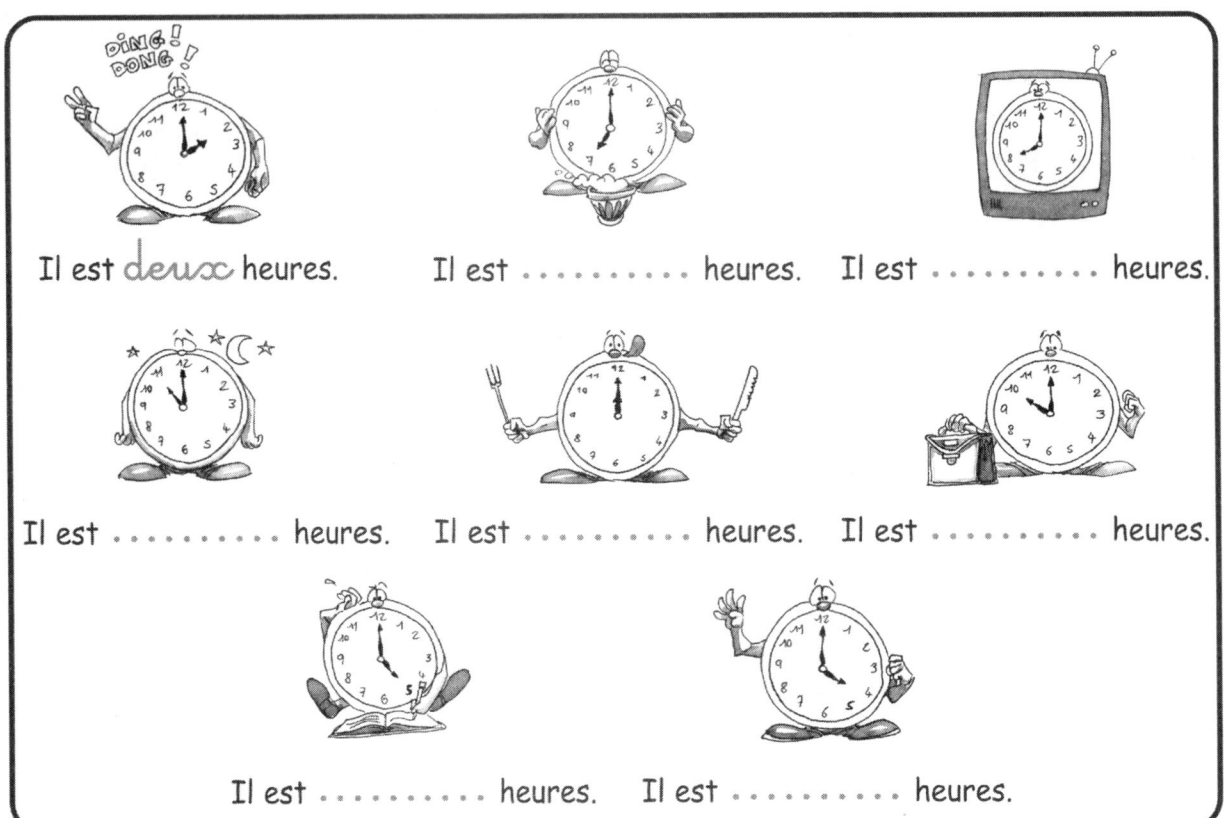

Il est deux heures.   Il est .... heures.   Il est .... heures.

Il est .... heures.   Il est .... heures.   Il est .... heures.

Il est .... heures.   Il est .... heures.

3B

Dessine l'heure qu'il est !

Livre de l'élève p. 50
GP p. 90

Il est une heure.   Il est trois heures.   Il est six heures.

Il est neuf heures.   Il est onze heures.   Il est quatre heures.

Unité 11 — Leçon 4

Cahier de vie

Qu'est-ce que tu fais lundi ?
....

Qu'est-ce que tu fais mercredi ?
....

Et dimanche ?
....

4A — Tu sais répondre à ces questions ?

Livre de l'élève p. 51
GP p. 92

Test

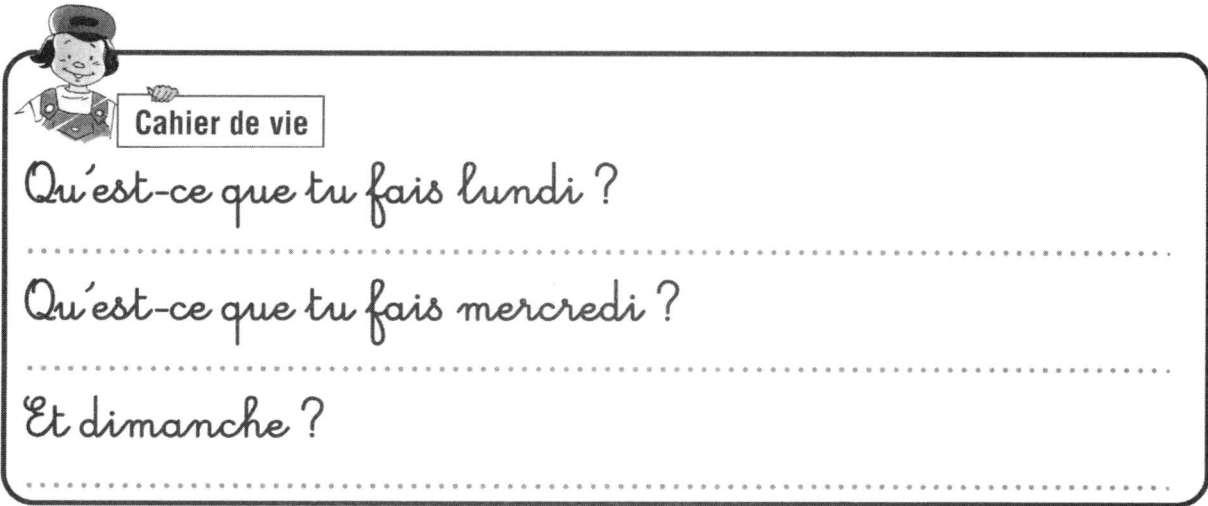

oui / non

21 .... 22 .... 23 ....

30 .... 40 .... 50 ....

DIMANCHE	LUNDI	MARDI	MERCREDI	JEUDI	VENDREDI	SAMEDI
3	4	5	6	7	8	9

MON SCORE : ... /16

4B

Tu sais dire ces mots en français ? oui / non

Tu sais dire ces nombres en français ? oui / non

Tu sais dire les jours de la semaine en français ? oui / non

Auto-évaluation, Unité 11

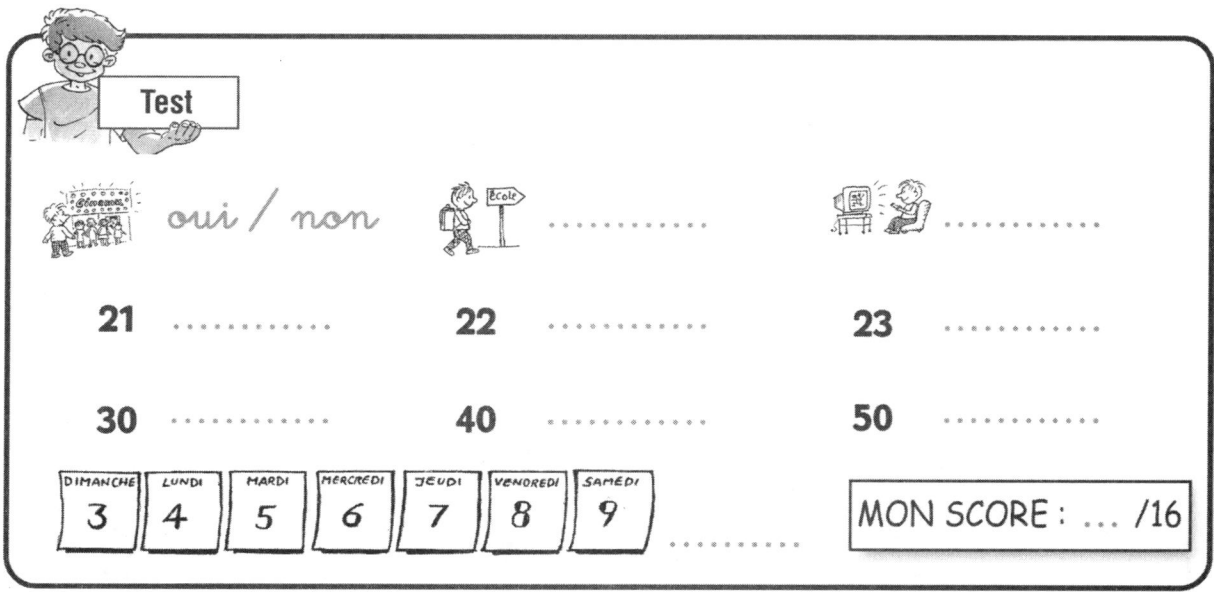

Super !   Pas mal !   À revoir !

4C — Evalue ton travail !

Dico-mémento

4D — Découpe les mots et colle-les, puis contrôle ce que tu sais !

Tu as les yeux de quelle couleur ?

Lis les consignes et écris le numéro de l'image !

Livre de l'élève p. 52
GP p. 94

☑ Sautez sur un pied ! ☐ Secouez les mains ! ☐ Tournez la tête !
☐ Levez les bras ! ☐ Secouez les bras ! ☐ Pliez les jambes !

Trouve les mots et écris-les !

Livre de l'élève p. 52
GP p. 94

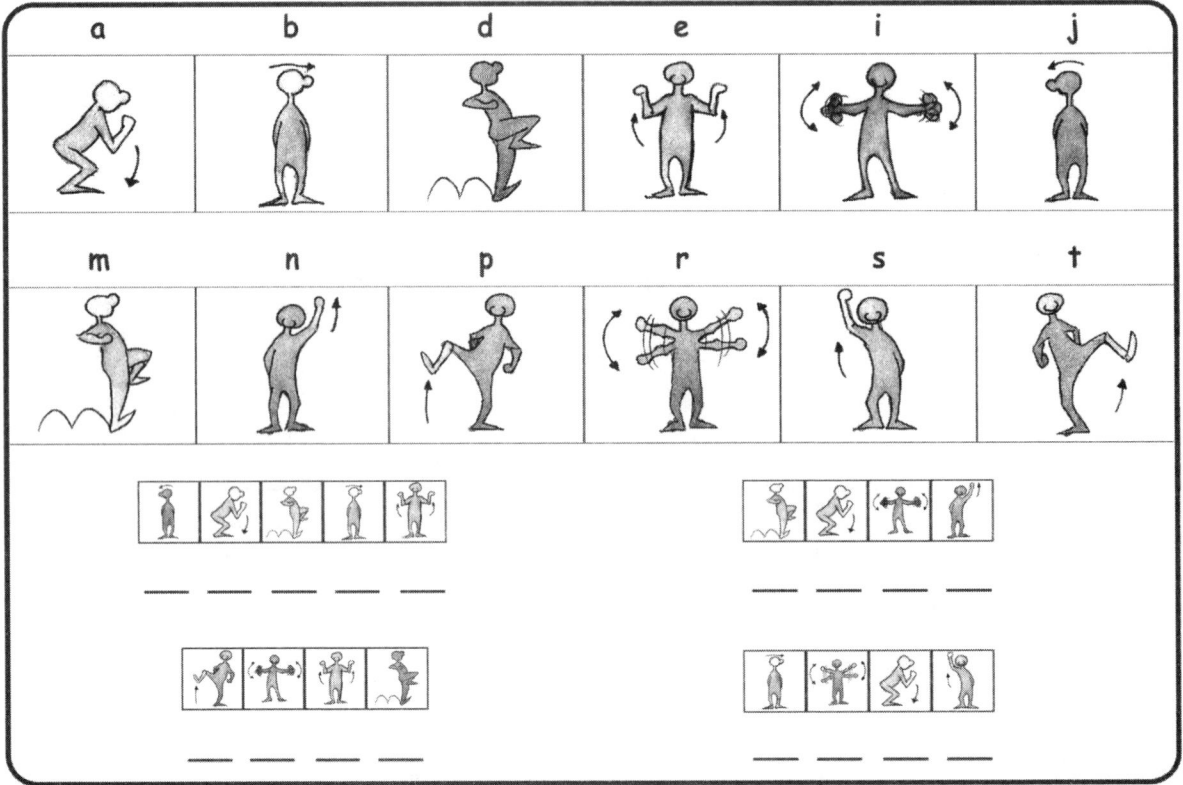

Dessine ton monstre, décris-le et donne-lui un nom !

Livre de l'élève p. 53
GP p. 96

tête

bras

main

jambe

pied

Je m'appelle .... !

Voilà mon monstre :

Il a .... tête , ...

.... bras et .....

....

.... !

Lis, écris le nom des monstres et colorie-les !

Livre de l'élève p. 53
GP p. 96

Blirp   ....

1. Voilà Blarp : il a deux bras bleus, six jambes orange et six pieds noirs.
2. Blourp est vert et jaune. Il a deux têtes, une jambe et six mains.
3. Blirp est rose. Il a deux bras, deux mains et quatre jambes.
4. Voilà Bleurp : il a une tête grise, un corps vert, un bras et une main rouges, deux jambes et deux pieds gris.
5. Blorp a une tête blanche, trois bras roses, cinq jambes et cinq pieds violets.

3A

Dessine ton portrait et envoie-le à ton ou ta camarade !

Livre de l'élève p. 54
GP p. 98

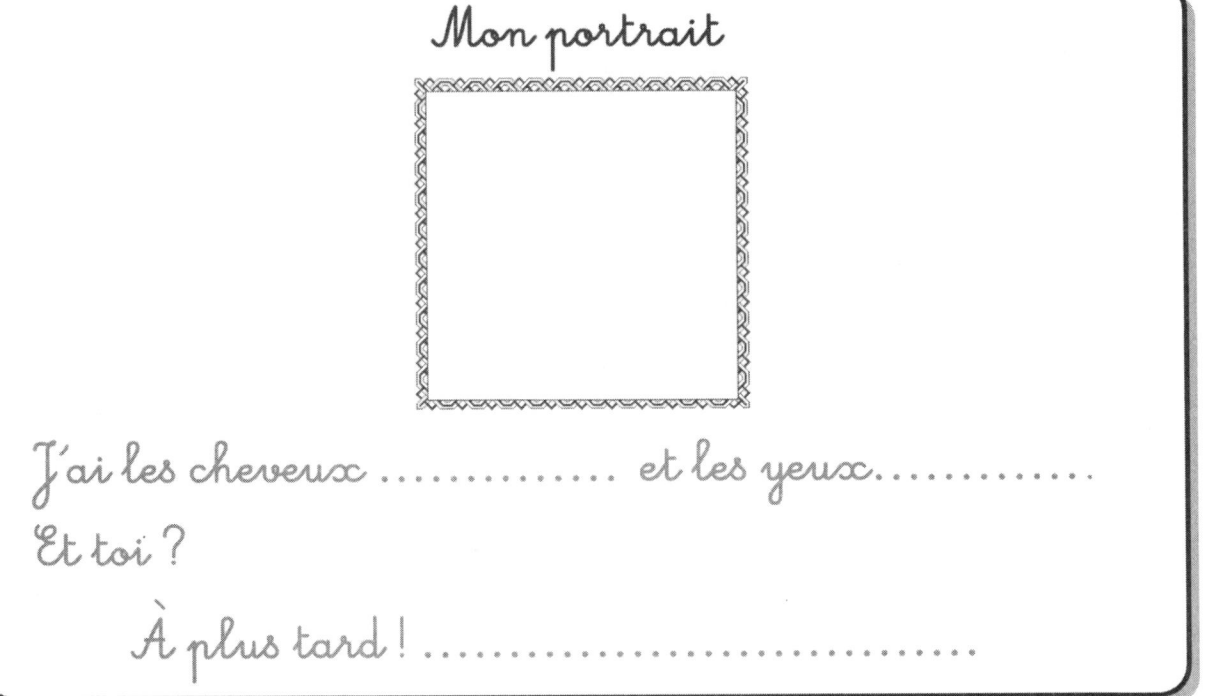

Mon portrait

J'ai les cheveux .... et les yeux ....
Et toi ?
À plus tard ! ....

3B

Ecris les mots !

Livre de l'élève p. 54
GP p. 98

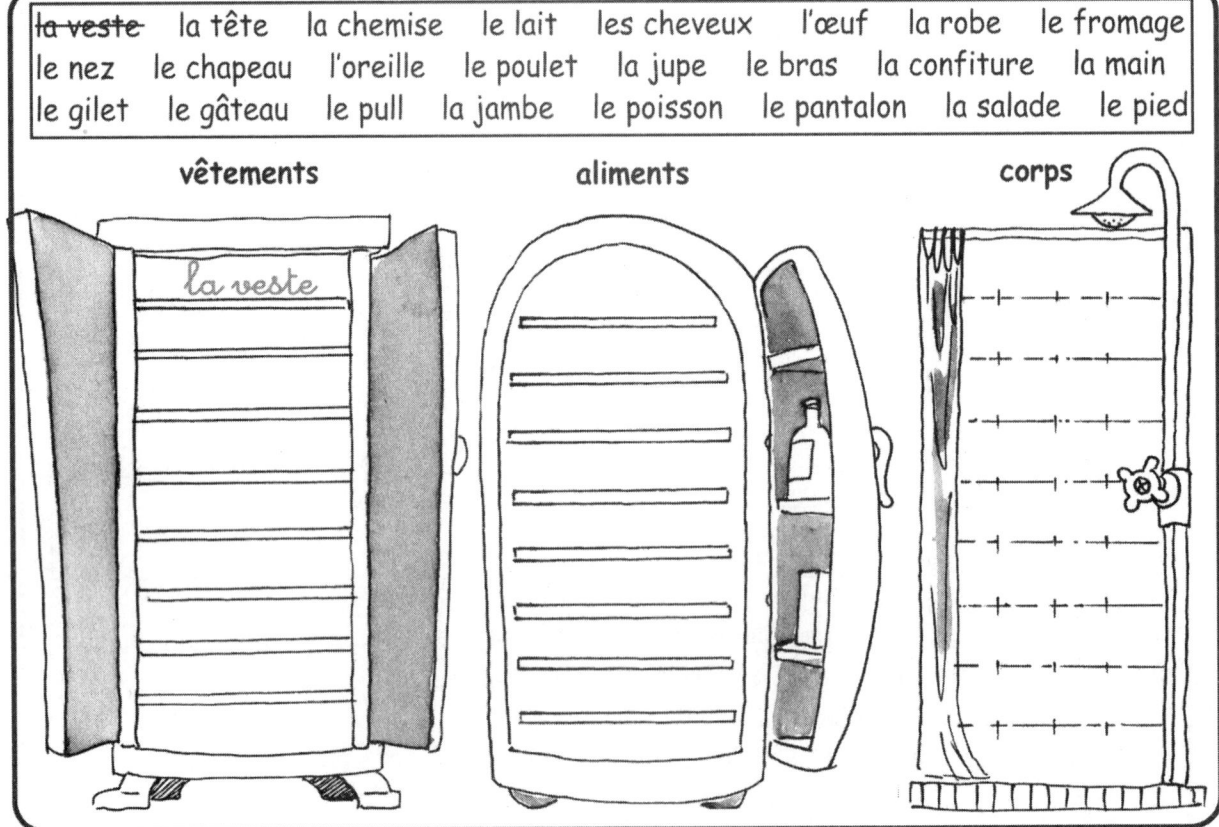

la veste   la tête   la chemise   le lait   les cheveux   l'œuf   la robe   le fromage
le nez   le chapeau   l'oreille   le poulet   la jupe   le bras   la confiture   la main
le gilet   le gâteau   le pull   la jambe   le poisson   le pantalon   la salade   le pied

vêtements — aliments — corps

la veste

48

Cahier de vie

Tu as les yeux de quelle couleur ?

J……………………………………………………

Tu as les cheveux de quelle couleur ?

J……………………………………………………

4A

Tu sais répondre
à ces questions ?

Livre de l'élève p. 55
GP p. 100

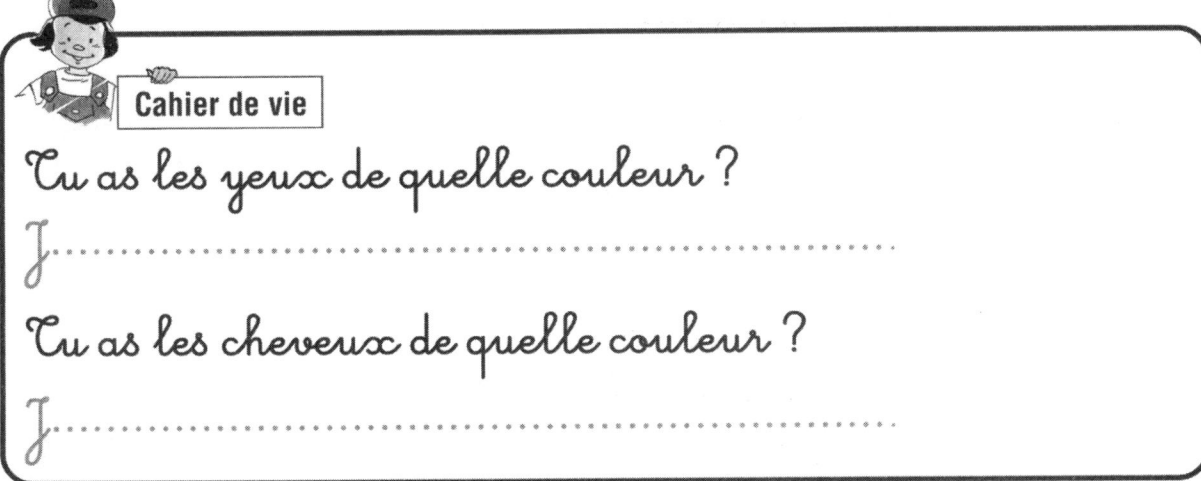

4B

Tu sais dire ces mots
en français ?
Ecris-les avec
leur article !

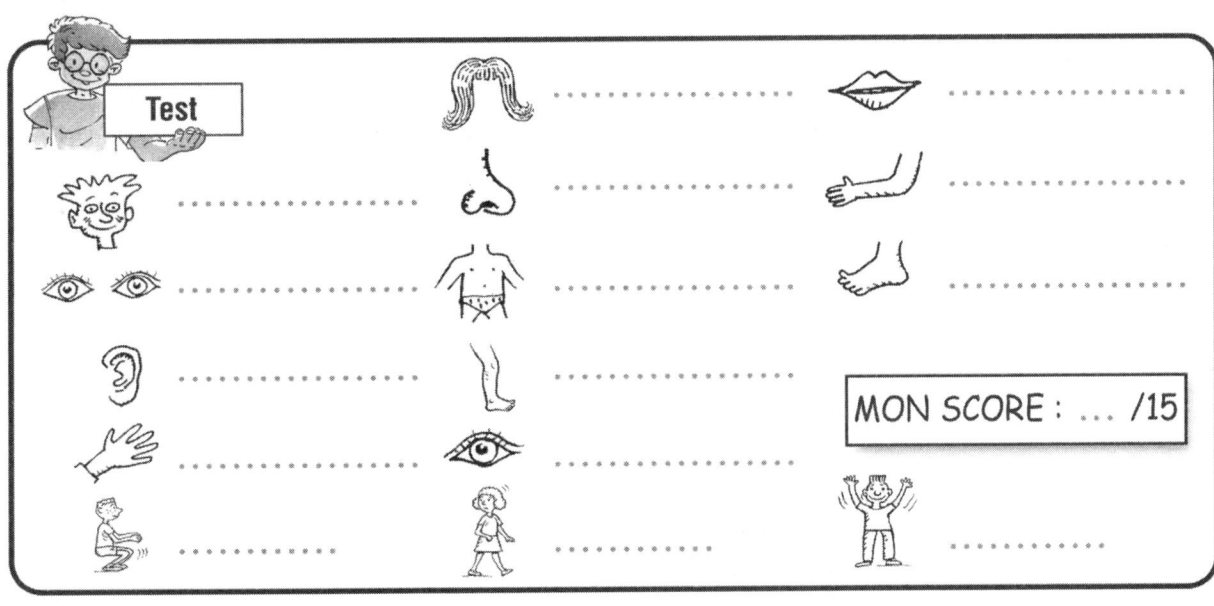

MON SCORE : … /15

Tu sais donner ces
consignes ? oui / non

Auto-évaluation, Unité 12

 Super !  Pas mal !  À revoir !

4C

Evalue ton travail !

 Dico-mémento

4D

Découpe les mots
et colle-les,
puis contrôle
ce que tu sais !

Où es-tu ?

1A

Relie les animaux à leur cri et écris leur nom !

Livre de l'élève p. 58
GP p. 102

| l'âne | le canard | le coq | le mouton | la poule | la vache |

Bêêê ! Cot-cot codé ! Coin-coin ! Cocorico ! I-an ! Meuh !

l' ....   le ....   le ....
la ....   le ....   la ....

1B

Complète le texte et colorie les animaux !

Livre de l'élève p. 58
GP p. 102

| ~~chante~~ | coq | poule | canard | vache | âne |
| | mange | donne du lait | nage | donne des œufs | des pommes |

À la ferme, il y a un .... rouge, noir et orange. Il *chante*.

Il y a une .... blanche. Elle ....

Il y a un .... vert, jaune et marron. Il ....

Il y a une .... marron. Elle ....

Il y a un .... gris. Il .... du pain et .... !

50

Relie les mots aux dessins !

Livre de l'élève p. 59
GP p. 104

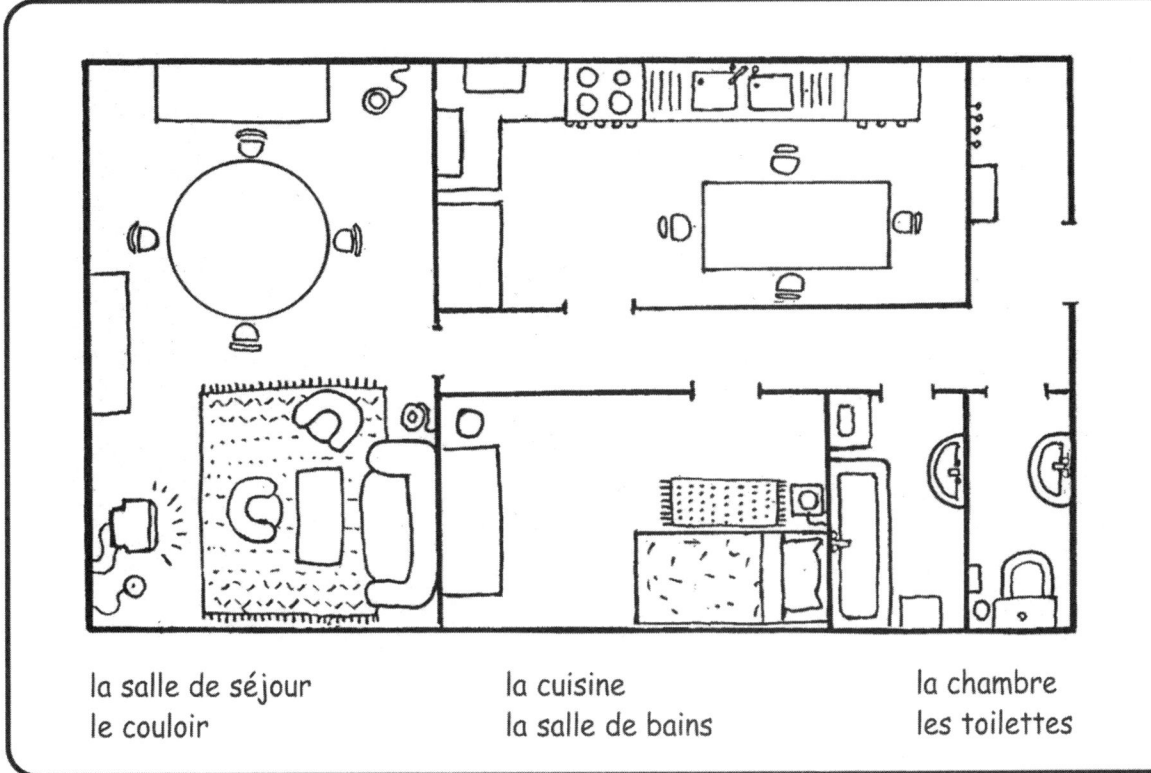

la salle de séjour   la cuisine   la chambre
le couloir   la salle de bains les toilettes

Ecris les mots !

Livre de l'élève p. 59
GP p. 104

3A

Complète les phrases !

Livre de l'élève p. 60
GP p. 106

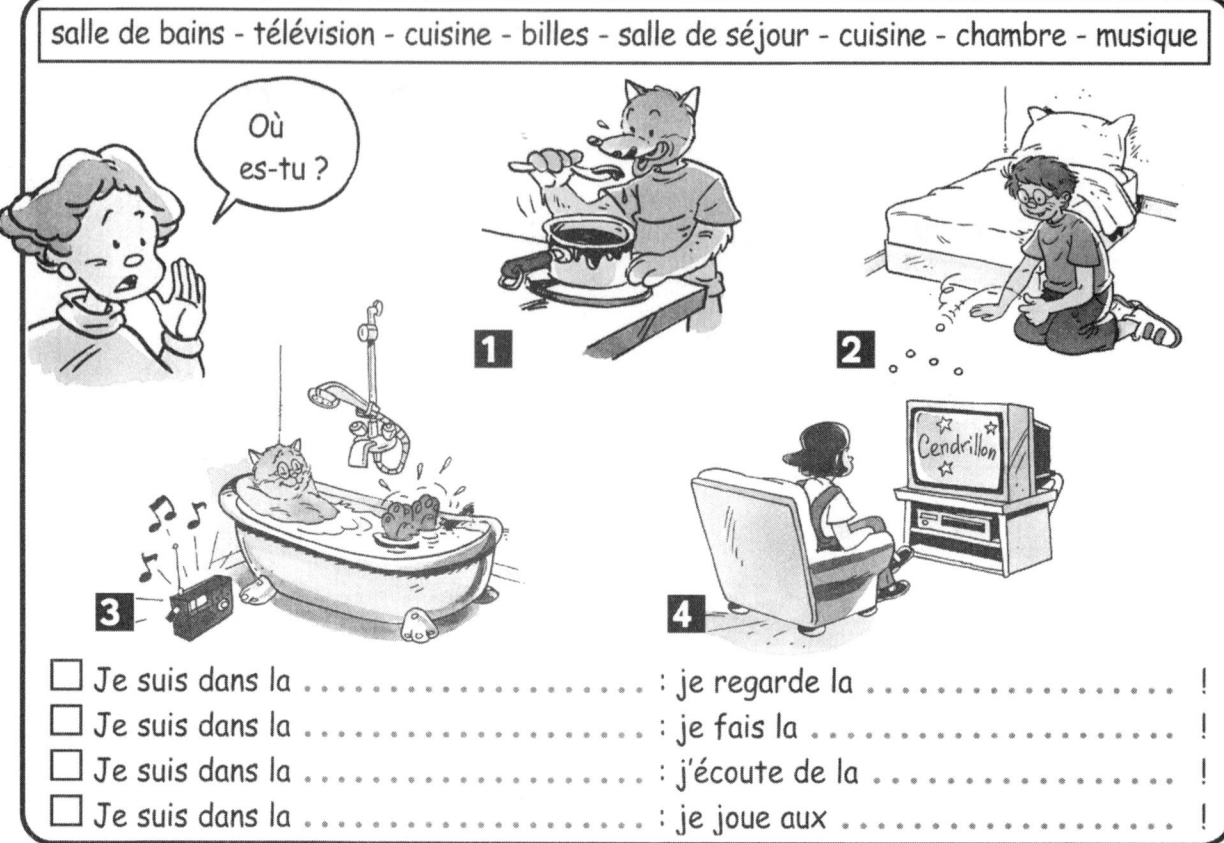

salle de bains - télévision - cuisine - billes - salle de séjour - cuisine - chambre - musique

Où es-tu ?

☐ Je suis dans la .... : je regarde la .... !
☐ Je suis dans la .... : je fais la .... !
☐ Je suis dans la .... : j'écoute de la .... !
☐ Je suis dans la .... : je joue aux .... !

3B

Lis et dessine les objets !

Livre de l'élève p. 60
GP p. 106

Il y a un gâteau et du chocolat dans la chambre ! Il y a une poupée et un stylo dans la cuisine ! Il y a une pomme et une banane dans la salle de bains ! Il y a un ballon dans les toilettes ! Il y a des chaussettes dans la salle de séjour !

Unité 13 — Leçon 4

Cahier de vie

Tu manges dans la cuisine ?
....

Tu regardes la télévision dans la salle de séjour ?
....

Tu joues dans ta chambre ?
....

4A — Tu sais répondre à ces questions ?

Livre de l'élève p. 61
GP p. 108

Test

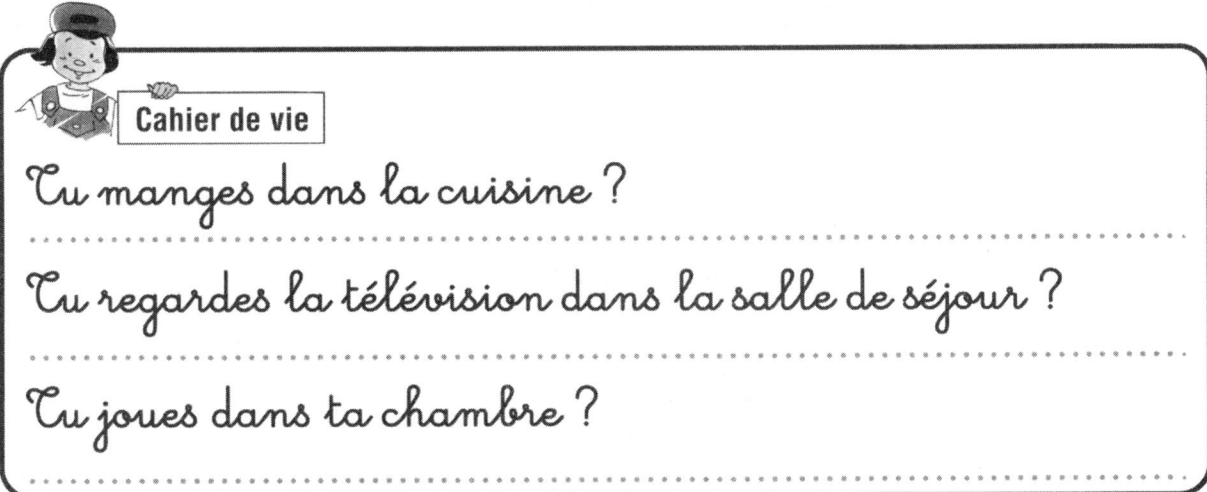

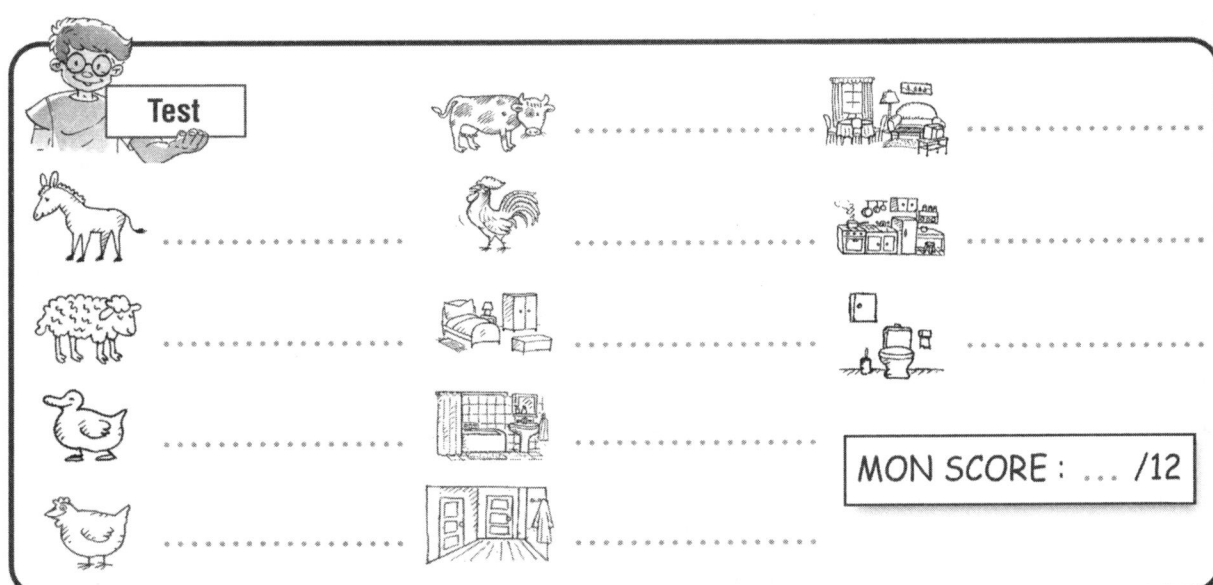

MON SCORE : ... /12

4B — Tu sais dire ces mots en français ? Ecris-les avec leur article !

Auto-évaluation, Unité 13

  Super !    Pas mal !    À revoir !

4C — Evalue ton travail !

Dico-mémento

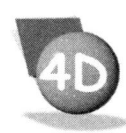

4D — Découpe les mots et colle-les, puis contrôle ce que tu sais !

53

Unité 14 Leçon 1

Où vas-tu ?

1A Relie les mots aux dessins !

Livre de l'élève p. 62
GP p. 110

à cheval — à pied — à vélo — en taxi — en roller — en métro — en moto — en bus

1B Complète les bulles !

Livre de l'élève p. 62
GP p. 110

(le) bal   (le) cinéma   l'école   la ferme   Paris   (le) zoo

Je veux aller à .... !
Je veux aller au .... !
Je veux aller au .... !
Je veux aller à .... !
Je veux aller à .... !
Je veux aller au .... !

Unité 14 LEÇON 2

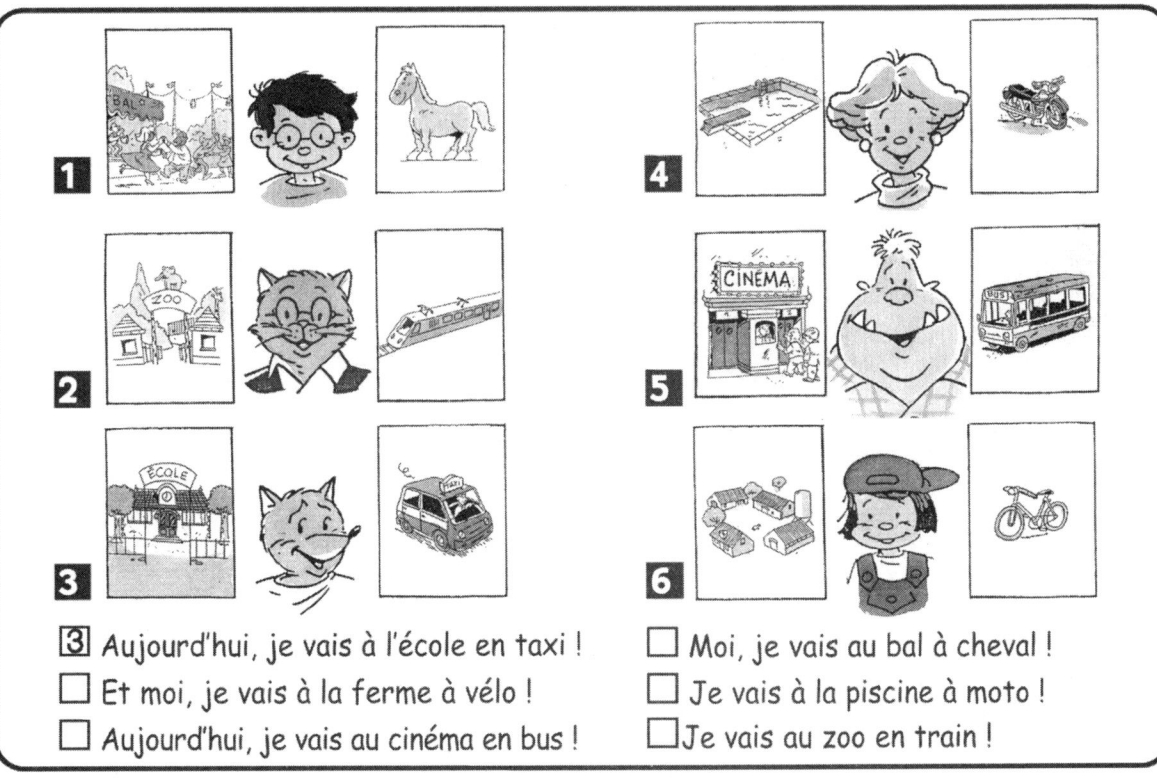

3. Aujourd'hui, je vais à l'école en taxi !
☐ Et moi, je vais à la ferme à vélo !
☐ Aujourd'hui, je vais au cinéma en bus !
☐ Moi, je vais au bal à cheval !
☐ Je vais à la piscine à moto !
☐ Je vais au zoo en train !

2A

Lis et numérote les phrases !

Livre de l'élève p. 63
GP p. 112

Tu aimes ? / Prénoms	prendre le bus	prendre le métro	prendre la voiture	prendre le train	prendre le bateau	prendre le taxi	faire du vélo	aller à pied
....								
....								
....								
....								
....								

.... aime ....
.... aime ....
.... aime ....
.... aime ....
.... aime ....

2B

Va interviewer tes camarades !

Livre de l'élève p. 63
GP p. 112

Unité 14 LEÇON 3

3A

Ecris une lettre et envoie-la à ton ou ta camarade !

Livre de l'élève p. 64
GP p. 114

| en bateau | en bus | en métro | à pied | en taxi | en train | à vélo | en voiture |

Bonjour .... !

Je vais à l'école ....

Je voudrais aussi aller à l'école .... !

Et toi ?

Au revoir !

....

3B

Ecris le mots !

Livre de l'élève p. 64
GP p. 114

~~le hamster~~   le ballon   la voiture   le tigre   les billes   le métro   la tortue
le robot   le taxi   le télescope   le dauphin   le bateau   le papillon   la moto
le jeu vidéo   la perruche   le train   l'ours   la poupée   le vélo   l'éléphant   le bus

animaux — jouets — transports

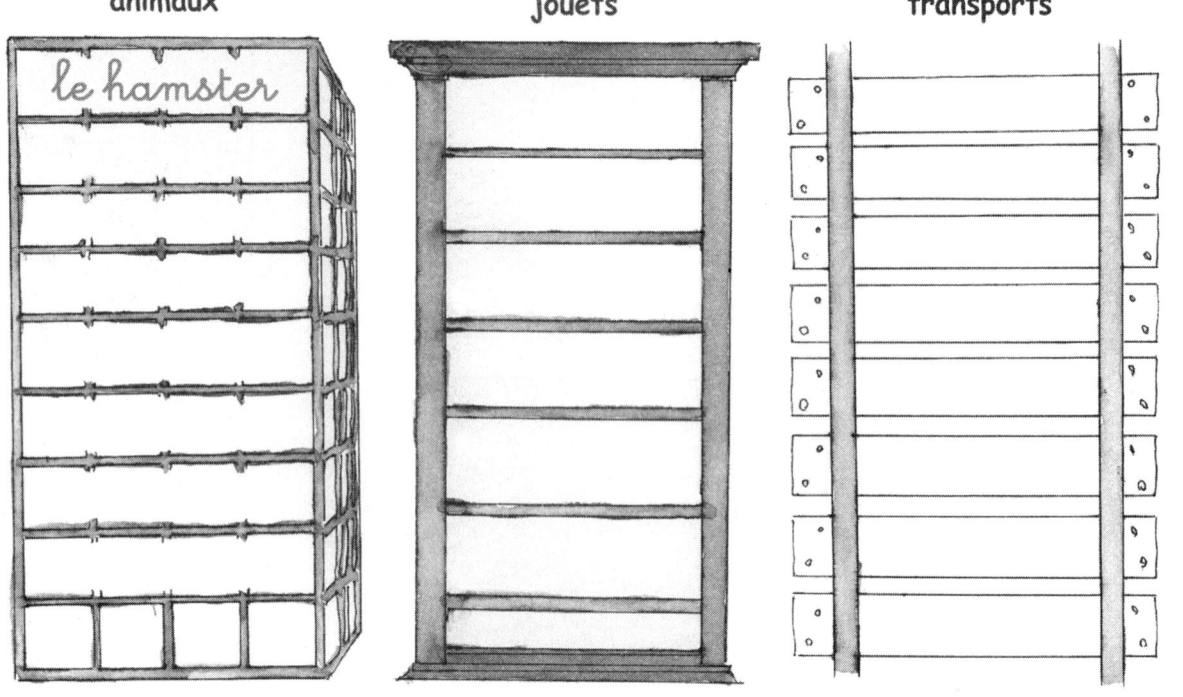

Cahier de vie

Comment vas-tu à l'école ? En bus ? À pied ? À vélo ?

....

Tu préfères le train ou la voiture ?

....

Tu sais répondre à ces questions ?

Livre de l'élève p. 65
GP p. 116

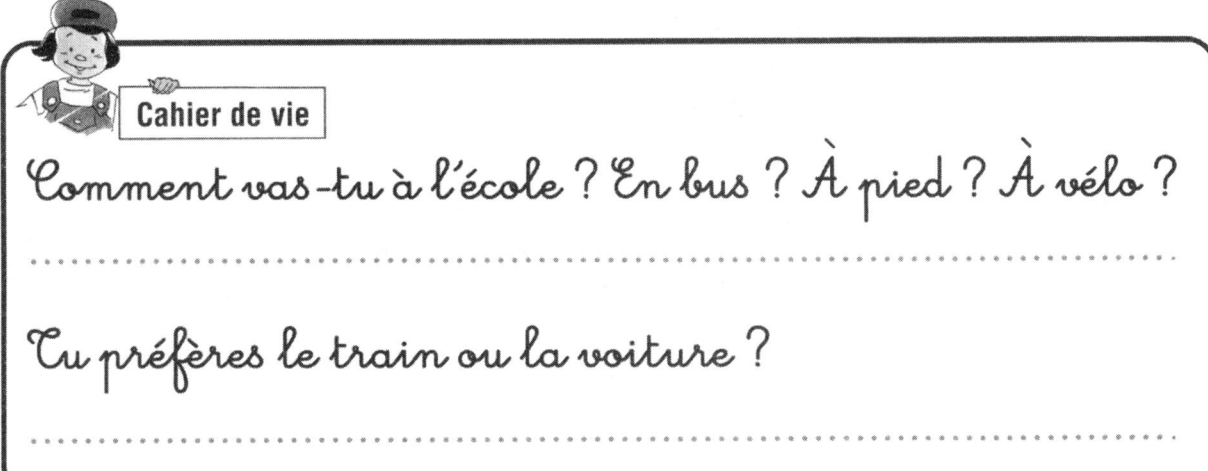

Test

MON SCORE : ... /12

Tu sais dire ces mots en français ? Ecris-les avec leur article !

Auto-évaluation, Unité 14

 Super !
 Pas mal !
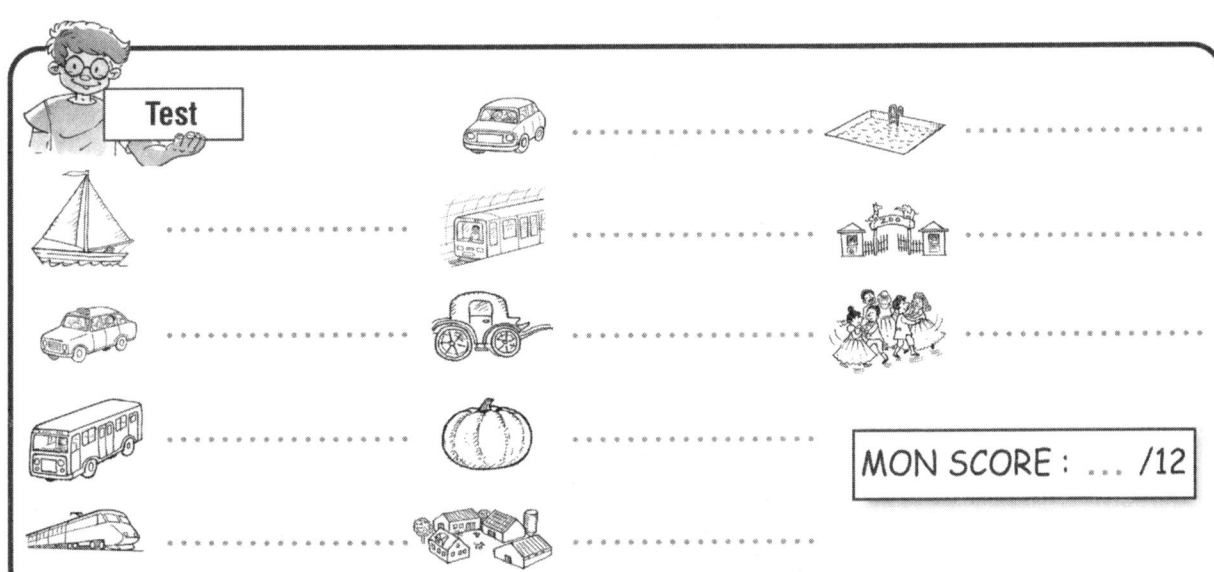 À revoir !

Evalue ton travail !

Dico-mémento

Découpe les mots et colle-les, puis contrôle ce que tu sais !

On va à Paris ?

Ecris les mots sous les photos !

Livre de l'élève p. 66
GP p. 118

l'Arc de triomphe   le Louvre   Notre-Dame   la tour Eiffel

_____

_____

_____

_____

Lis et numérote les phrases !

Livre de l'élève p. 66
GP p. 118

Je vais / nous allons   je prends / nous prenons   je suis / nous sommes
je veux / nous voulons

1 	2 	3 	4 
5 	6 	7 	8 

- [x] Je vais à Paris !
- [ ] Je suis une touriste !
- [ ] Je prends un taxi !
- [ ] Je veux voir la tour Eiffel !

- [ ] Nous sommes des touristes !
- [ ] Nous voulons voir la tour Eiffel !
- [ ] Nous allons à Paris !
- [ ] Nous prenons un taxi !

2A

Relie les dessins et écris les mots en dessous !

Livre de l'élève p. 67
GP p. 120

Aladin   le Roi Lion   le Roi des Singes   Troll   Alice   Baba Yaga
Afrique   Angleterre   Chine   Egypte   Norvège   Russie

2B

Dessine et écris !

Livre de l'élève p. 67
GP p. 120

Je viens d..................................... !

Unité 15 Leçon 3

3A

Ecris une lettre à ton correspondant ou à ta correspondante !

Livre de l'élève p. 68
GP p. 122

..................., le ....

Bonjour ...., ça va ?

Je m'appelle .... J'ai ...... ans.

Je viens de ....

J'ai les yeux .... et les cheveux ....

J'ai (Je n'ai pas de)   sœur   frère   .

J'ai (Je n'ai pas de) chien...........................

J'aime ....

J'aime aussi ....

Je n'aime pas ....

Je sais .... et aussi ....

Tu vas à l'école à quelle heure ? Moi, je vais à l'école à ....

Voilà mon école :

Tu connais Paris, la tour Eiffel, Notre-Dame ?
Ecris-moi vite !

Au revoir !

....

4A

Tu sais répondre à ces questions ?

Livre de l'élève p. 69
GP p. 124

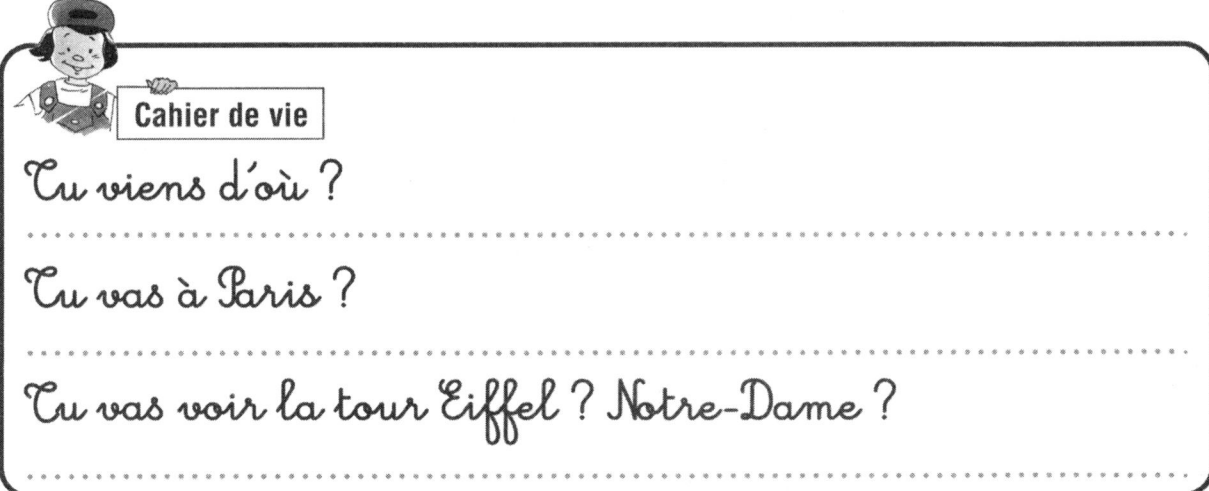

Cahier de vie

Tu viens d'où ?

....

Tu vas à Paris ?

....

Tu vas voir la tour Eiffel ? Notre-Dame ?

....

4B

Tu sais dire ces mots en français ? Ecris-les ! [Attention ! Ne pas mettre « avec leur article » svp.]

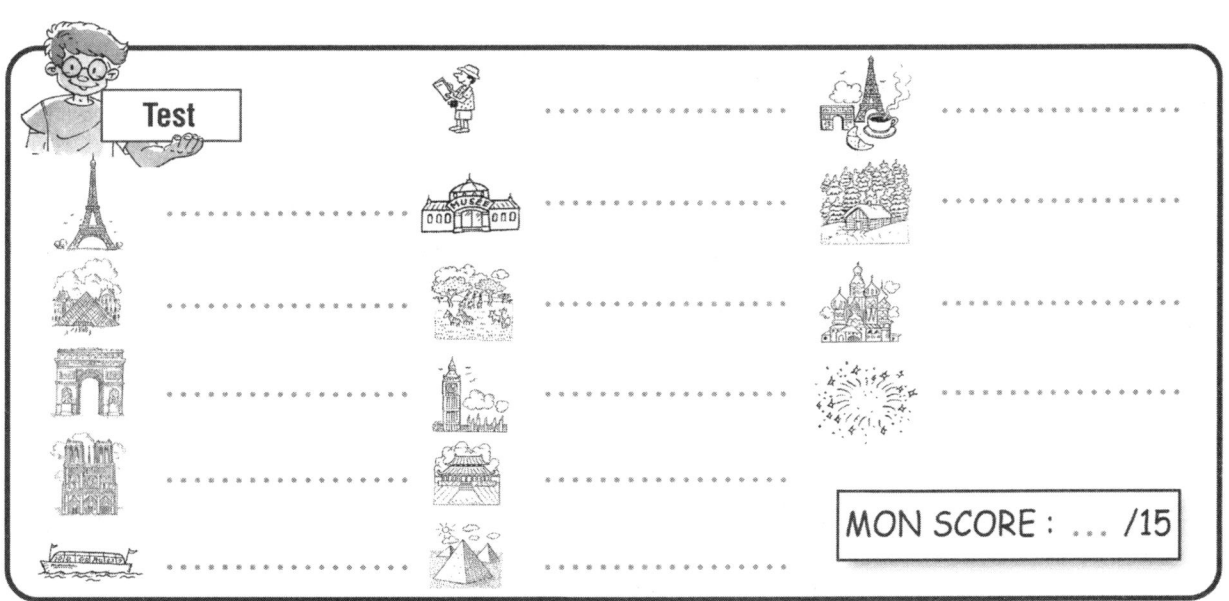

Test

MON SCORE : ... /15

Auto-évaluation, Unité 15

4C

Evalue ton travail !

 Super !    Pas mal !    À revoir !

4D

Découpe les mots et colle-les, puis contrôle ce que tu sais !

 **Dico-mémento**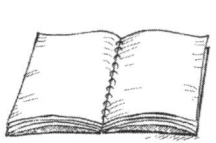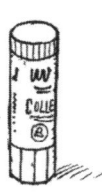

Dico-mémento

Unité 1

Bonjour monsieur !	Bonjour madame !	Salut !
Au revoir !	s'appeler (je m'appelle)	1 un
2 deux	3 trois	4 quatre
5 cinq	6 six	7 sept
8 huit	9 neuf	10 dix

Unité 2

le frère	la sœur	le chat
le chien	le dragon	le hamster
la perruche	le poisson rouge	la tortue

Unité 3

le crayon	la gomme	le livre
la règle	le stylo	la trousse
blanc	bleu	jaune
noir	rouge	vert
prendre (je prends)	poser (je pose)	

Unité 4

le dauphin	l'éléphant	l'ours
le papillon	le tigre	danser (je danse)
marcher (je marche)	nager (je nage)	sauter (je saute)

Dico-mémento

voler (je vole)	jouer (je joue)	compter (je compte)
chanter (je chante)	faire de la moto (je fais)	la guitare
jouer de la guitare	le saxophone	jouer du saxophone

Unité 5

le ballon	la poupée	le robot
le vélo	la moto	la fille
le garçon	les rollers	les billes
le jeu vidéo	manger (je mange)	boire (je bois)
dormir (je dors)	jouer aux billes	jouer à la poupée
jouer au ballon	faire du vélo	faire du roller
la sorcière	le gâteau	vouloir (je veux) (je voudrais)

Unité 6

11 onze	12 douze	le père Noël
la bûche de Noël	les chocolats	les jouets
l'appareil photo	le télescope	le sapin
la bougie	la boule de Noël	l'étoile
la guirlande	le cadeau	Noël

Unité 7

l'abricot	la banane	l'orange
la pêche	la poire	la pomme

Dico-mémento

	les frites		le fromage		le poisson
	le poulet		la salade		la galette
	le panier		aimer (j'aime)		

Unité 8

13	treize	**14**	quatorze	**15**	quinze
16	seize	**17**	dix-sept	**18**	dix-huit
19	dix-neuf	**20**	vingt		faire du cheval
	faire la cuisine		dessiner (je dessine)		écouter de la musique
	jouer de la flûte		jouer au football		jongler (je jongle)
	faire du judo		lire (je lis)		sauter à la corde
	faire du ski		jouer au tennis		savoir (je sais)

Unité 9

	le bonnet		la botte		le chapeau
	la chaussette		la chaussure		la chemise
	le gilet		le jean		la jupe
	le pantalon		le pull		la robe
	le tee-shirt		la veste		beige
	gris		marron		orange
	rose		violet		le clown
	la fée		le magicien		le pirate

Dico-mémento

	le Pierrot	mettre (je mets)		le carnaval

Unité 10

	le café		le café au lait		les céréales
	le chocolat		la confiture		le croissant
	le jus d'orange		le lait		l'œuf
	le pain		la tartine		le thé

Unité 11

lundi	mardi	mercredi
jeudi	vendredi	samedi
dimanche	regarder la télévision (je regarde la télévision)	aller (je vais)
l'école	le cinéma	le jour
la semaine	le mois	l'année
21 vingt et un	**22** vingt-deux	**23** vingt-trois
30 trente	**40** quarante	**50** cinquante

Unité 12

	lever (je lève)		plier (je plie)		tourner (je tourne)
	secouer (je secoue)		le corps		le bras
	la main		la jambe		le pied
	la tête		les cheveux		l'œil
	les yeux		le nez		la bouche

Dico-mémento

l'oreille	le monstre	

Unité 13

la ferme	l'âne	le canard
le coq	le mouton	la poule
la vache	la chambre	le couloir
la cuisine	la salle de bains	la salle de séjour
les toilettes	cacher	Pâques

Unité 14

le bateau	le bus	le métro
le taxi	le train	la voiture
le carrosse	la citrouille	le bal
la piscine	le zoo	préférer

Unité 15

la tour Eiffel	l'Arc de triomphe	Notre-Dame
le Louvre	le bateau-mouche	le touriste
l'Afrique	l'Angleterre	la Chine
l'Égypte	la France	la Norvège
la Russie	le musée	le tapis volant
le feu d'artifice		

Édition : Martine Ollivier
Couverture : Fernando San Martín - Daniel Vega
Illustration de couverture : Jean-Claude Bauer

Maquette intérieure : Planète Publicité/Fernando San Martín - Daniel Vega
Illustrations : Jean-Claude Bauer
	Nathanaël Bronn
	Isabelle Rifaux
	Volker Theinhardt

Exercices grammaticaux complémentaires

Unité 1 — L'affirmation, l'exclamation et la question

Lis le dialogue et ajoute un **.** , un **!** , ou un **?**

– Bonjour ...

– Salut ...

– Comment tu t'appelles ...

– Moi, c'est Lila ...   Et toi ...

– Moi, je m'appelle Félix ...   Comment ça va ...

– Moi, ça va ...

– À plus tard, Lila ...

– Au revoir, Félix ...

Unité 2 — La négation *ne ... pas de ...*

Regarde l'exemple et écris !

Tu as un frère ? – Non, *je n'ai pas de frère.*

1 Tu as une sœur ? – Non, ...

2 Tu as un chat ? – Non, ...

3 Tu as une perruche ? – Non, ...

4 Tu as un hamster ? – Non, ...

5 Tu as une tortue ? – Non, ...

Unité 3 — L'accord de l'adjectif

Regarde l'exemple, complète et colorie !

Voilà un chien. Il est (blanc) *blanc.*

1 – C'est une perruche (bleu) .... ?

2 – Non, c'est une perruche (blanc) ....

et (bleu) ....

3 – C'est mon chat (noir) ....

4 – Tu as un poisson (rouge) .... ?

5 – Oui ! Et j'ai aussi une tortue (vert) ....

et (jaune) ....

Unité 4 — Les verbes du 1er groupe aux 1re et 2e personnes du singulier

Regarde l'exemple et complète !

Je (danser) *danse* comme un ours.

1. Tu (sauter) .... comme un tigre.
2. Tu (marcher) .... comme un éléphant.
3. Je (nager) .... comme un dauphin.
4. Je (chanter) .... comme une perruche.
5. Tu (jouer) .... comme un hamster.
6. Je (vole) .... comme un papillon.

Unité 5 — L'article indéfini

Complète par *un*, *une* ou *des* !

Pour mon anniversaire, je veux .... ballon.

— Mais tu es .... fille !

Tu ne veux pas .... poupée ?

— Non, non ! Ou alors je veux .... rollers,

.... jeu vidéo ou .... billes !

Ou encore .... guitare ou .... livres !

— Et .... robot ?

— Mais, je ne suis pas .... garçon !

Unité 6 — L'article défini

Complète par *le*, *la*, *l'* ou *les* !

À Noël, il y a .... père Noël, ... bûche de Noël, ... cadeaux, ... jouets et .... chocolats, miam ! Il y a aussi .... bougies dans .... sapin, ... guirlandes et .... étoile en haut du sapin. Comme c'est joli !

Chante .... chanson de Noël avec moi !

Unité 7 — Les verbes du 1ᵉʳ groupe aux 1ʳᵉ, 2ᵉ et 3ᵉ personnes du singulier

Regarde l'exemple et complète !

(chanter) Toi, tu *chantes*, et ta sœur aussi, elle (chanter) *chante* ?

1 (manger) Moi, je .... des frites, et toi aussi, tu .... des frites ?

2 (compter) Moi, je .... jusqu'à 20 en français, et ta sœur aussi, elle .... jusqu'à 20 en français ?

3 (aimer) Toi, tu .... les chats, et ta sœur, elle .... les chats ?

4 (sauter) Moi, je .... à la corde, et toi aussi, tu .... à la corde ?

5 (jouer) Toi, tu .... aux billes, et ta sœur, elle .... aux billes ?

6 (nager) Moi, je .... le crawl. Et toi aussi, tu .... le crawl ?

Unité 8 — Jouer du, de la, des + instruments de musique / Jouer au, à la, aux + sports et autres

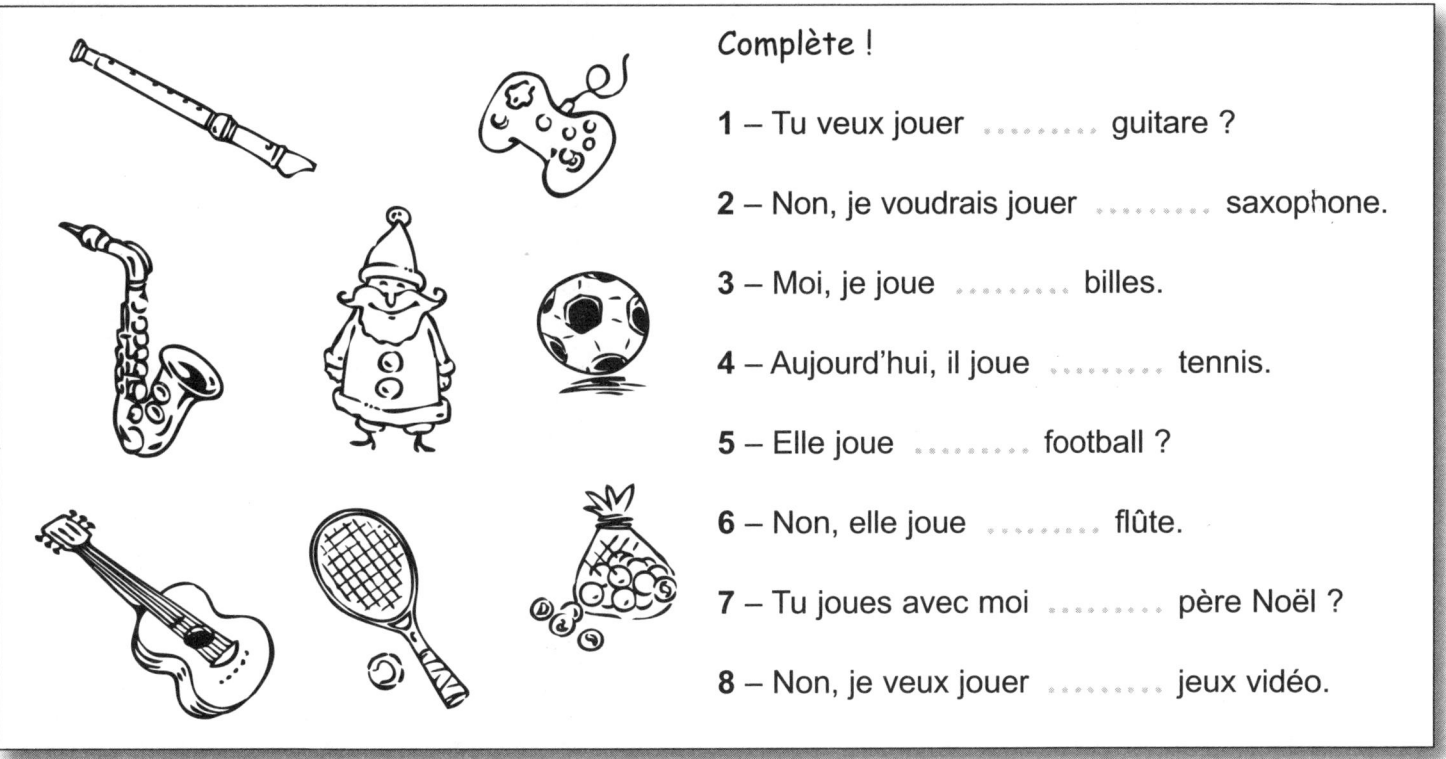

Complète !

1 – Tu veux jouer .... guitare ?

2 – Non, je voudrais jouer .... saxophone.

3 – Moi, je joue .... billes.

4 – Aujourd'hui, il joue .... tennis.

5 – Elle joue .... football ?

6 – Non, elle joue .... flûte.

7 – Tu joues avec moi .... père Noël ?

8 – Non, je veux jouer .... jeux vidéo.

Unité 9 — L'adjectif possessif mon, ma, mes / ton, ta, tes

Complète !

1 – Qu'est-ce que tu fais ? – Je mets .... pantalon.

2 – Tu mets .... chemise ? – D'accord !

3 – Et là, je mets .... chaussettes.

4 – Et maintenant, tu mets .... bottes ? – Oui !

5 – Tu mets .... pull ? – Euh, oui.

6 – Je mets .... veste et aussi .... bonnet.

7 – Tu ne mets pas .... chapeau ?

8 – Si, aujourd'hui, je mets .... chapeau !

Unité 10 — L'article partitif *du*, *de la*, *des* (ou *de* dans la négation)

Complète avec l'article défini **le**, **la**, **les** ou l'article partitif **du**, **de la**, **des** ou **de** !

1 Au petit déjeuner, je bois .... jus d'orange : j'aime beaucoup .... jus d'orange.

2 Je prends aussi .... café au lait et .... croissants.

3 Et je prends .... pain, ... beurre et .... confiture.

4 J'adore .... confiture d'abricots ! Mais aujourd'hui, il n'y a pas .... confiture.

5 Je mange aussi .... pommes. Tu aimes .... pommes ?

6 Je voudrais .... gâteau. Il y a .... gâteau ?

7 Non, il n'y a pas .... gâteau et pas .... confiture.

8 Alors, je vais manger .... céréales !

Unité 11 — Les nombres

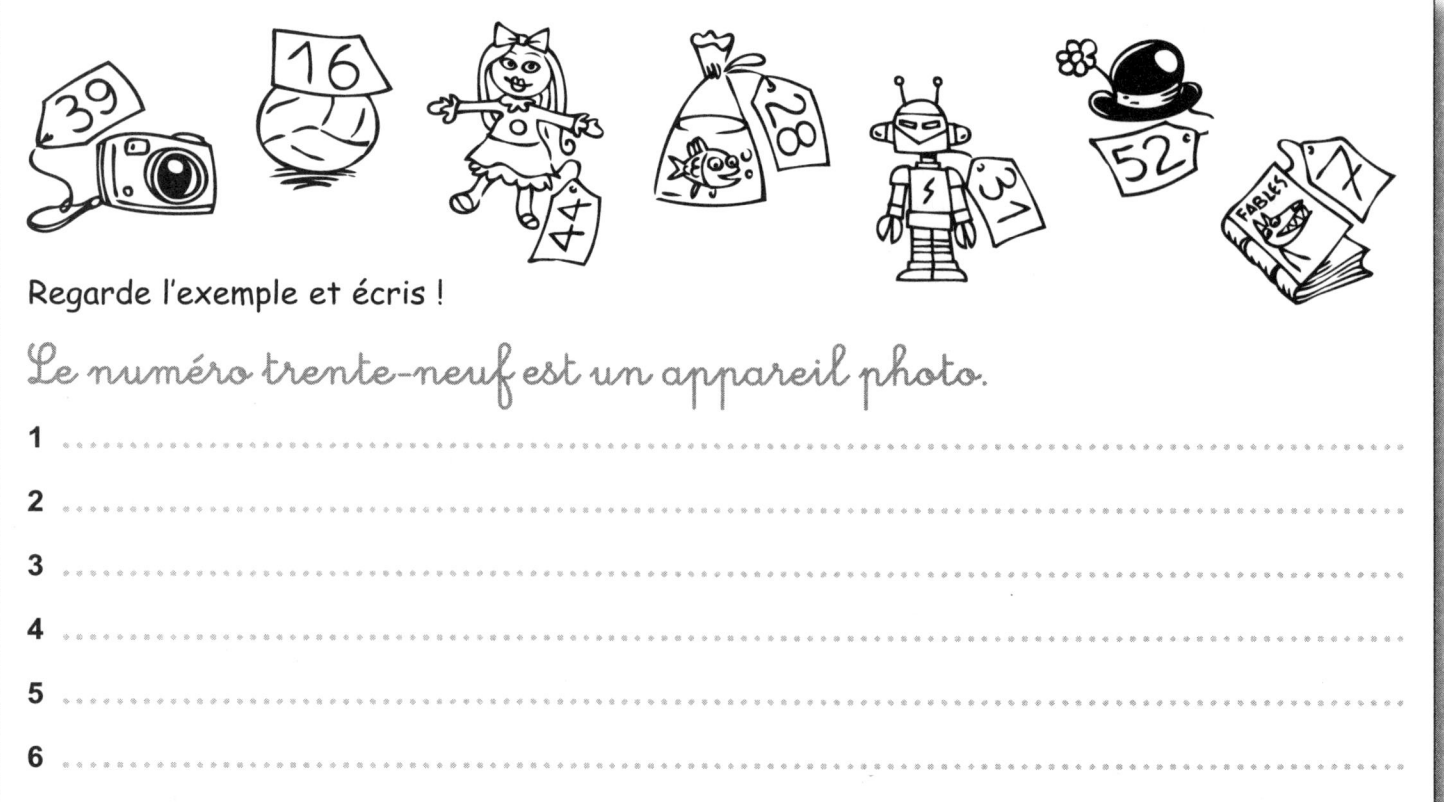

Regarde l'exemple et écris !

Le numéro trente-neuf est un appareil photo.

1 ....
2 ....
3 ....
4 ....
5 ....
6 ....

Unité 12 — L'impératif aux 2ᵉ personnes du singulier et du pluriel

Regarde les exemples et écris !

Tu ne sautes pas ? *Saute !* – Vous ne marchez pas ? *Marchez !*

1 Tu ne plies pas les bras ? .... !

2 Tu ne sautes pas sur un pied ? .... !

3 Vous ne tournez pas la tête ? .... !

4 Vous ne secouez pas les mains ? .... !

5 Tu ne lèves pas les bras ? .... !

6 Vous ne dansez pas ? .... !

Unité 13 — Le pluriel des noms communs

Regarde l'exemple et mets les <u>noms soulignés</u> au pluriel !

Prête-moi <u>ton crayon</u> ! → *Prête-moi tes crayons !*

1 Je mets <u>ma botte</u>. ....

2 J'ai <u>un animal</u>. ....

3 Je veux <u>un cadeau</u>. ....

4 Tu aimes <u>le chapeau</u> ? ....

5 Voilà <u>une bille</u>. ....

6 Donne-moi <u>mon livre</u> ! ....

7 Il y a <u>un ours</u> ? ....

8 Le monstre a <u>un œil</u>. ....

RAPPEL

On forme le pluriel en ajoutant un **s** au singulier
*le chien → les chien**s***

Les noms en **-au**, **-eau**, **-eu** prennent un **x** au pluriel.
*le gâteau → les gâteau**x***
*le jeu → les jeu**x***

Les noms en **-al** font leur pluriel en **-aux**
*le cheval → les chev**aux***

Les noms terminés par **s**, **x** ou **z** au singulier ne changent pas au pluriel
le nez → les nez

Le pluriel de **œil** est **yeux** !

Unité 14 — Les prépositions *à* et *en* + moyens de transport

Complète !

1 – Tu vas au cinéma .... bus ?

2 – Non, je vais au cinéma .... vélo.

3 – Il va à la ferme .... cheval !

4 – Mais elle, elle va à la ferme .... voiture.

5 – Je veux aller au zoo .... moto.

6 – Non, va au zoo .... métro !

7 – Je vais à l'école .... pied.

8 – Et moi, je vais à l'école .... bateau.

Unité 15 — Des verbes irréguliers : *avoir*, *être*, *aller*, *prendre*

Complète !

1 (être) Nous .... des touristes.

2 (avoir) J' .... un tapis volant !

3 (avoir) Toi, tu .... les Bottes de sept lieues.

4 (être) On .... à Paris.

5 (prendre) Je .... le métro.

6 (aller) Elle .... à Notre-Dame.

7 (aller) Tu .... au Louvre ?

8 (prendre) Alors, nous .... le bateau-mouche !

avoir
j'ai
tu as
il / elle / on a
nous avons

être
je suis
tu es
il / elle / on est
nous sommes

aller
je vais
tu vas
il / elle / on va
nous allons

prendre
je prends
tu prends
il / elle / on prend
nous prenons

On s'entraîne pour le DELF Prim A1.1 !

Nom : .... Prénom : .... Unités 1 à 5   **1**

Compréhension de l'oral (25 points)

Activité 1 (8 points)
Regarde d'abord les dessins ! Puis écoute les dialogues et note le numéro de chaque dialogue sous le dessin correspondant ! Tu as deux écoutes !

Dialogue n° ....   Dialogue n° ....   Dialogue n° ....   Dialogue n° ....

Activité 2 (9 points)
Prends des feutres ou des crayons de couleur : tu as besoin d'un bleu, d'un jaune, d'un vert, d'un rouge et d'un noir ! Puis écoute et colorie ! Tu as deux écoutes !

Activité 3 (8 points)
Regarde d'abord les dessins ! Puis écoute et note les bons numéros sous les dessins ! Tu as deux écoutes !

☐   ☐   ☐   ☐

Compréhension des écrits (25 points)

Activité 1 (6 points)

Lis les listes de courses et écris le prénom correspondant sous chaque dessin !

cinq crayons
deux gommes
un stylo
une règle
un livre
des billes

Ivan

deux livres
un stylo
une règle
une poupée
une gomme
six crayons

Paola

deux stylos
~~quatre~~ trois crayons
un robot
deux gommes
des billes
une règle

Arthur

1

....

2

....

3

....

Activité 2 (6 points)

Regarde bien et réponds « oui » ou « non » !

Bienvenue au zoo de Thoiry !

130 espèces, 150 hectares, 1 000 animaux
Visitez la réserve africaine et ses 8 km de safari !
Visitez le château de Thoiry !

1 C'est une affiche pour un film ? ☐ oui ☐ non   4 Il y a des dauphins ? ☐ oui ☐ non

2 C'est une affiche pour un zoo ? ☐ oui ☐ non   5 Il y a des tigres ? ☐ oui ☐ non

3 Il y a des éléphants ? ☐ oui ☐ non   6 Il y a des ours ? ☐ oui ☐ non

Activité 3 (7 points)
Associe chaque phrase à un lutin ! Exemple : 1-A

A Moi, je danse comme un papillon !
B Je vole comme un dragon !
C Oh ! Je chante comme une perruche !

D Chut ! Je marche comme un tigre !
E You-hou ! Je nage comme un dauphin !
F Et moi, je mange comme un ogre !
G Moi, je saute comme un éléphant !

Activité 4 (6 points)
Lis les messages puis coche la case « vrai », « faux » ou « ? » (je ne sais pas) !

À : Rania
Objet : Anniversaire

Bonjour ! Le 10, c'est mon anniversaire ! J'ai 8 ans. Tu veux manger, boire, jouer, danser ? Alors, viens ! À plus tard, Mehdi

À : Alice
Objet : Anniversaire

Aujourd'hui, c'est mon anniversaire ! Je veux nager avec un dauphin : super, non ? Salut ! Lola

À : Tom
Objet : Joyeux anniversaire !

Bonjour Tom ! Aujourd'hui, c'est ton anniversaire ! Tu as un vélo. Tu as une guitare. Alors, voilà des rollers pour toi ! Joyeux anniversaire ! Ta sœur Tatiana

1 C'est l'anniversaire de Rania. ☐ vrai ☐ faux
2 Lola a huit ans. ☐ vrai ☐ faux
3 Mehdi nage avec un dauphin. ☐ vrai ☐ faux
4 Mehdi veut des rollers. ☐ vrai ☐ faux
5 Tom a un vélo. ☐ vrai ☐ faux
6 Tatiana a un frère. ☐ vrai ☐ faux

Production écrite (25 points)

Activité 1 (10 points)

Tu veux t'inscrire à **LOCACLUB**, un site de location de jeux et de jouets. Remplis la fiche !

LOCACLUB le site de location de jeux et de jouets

Ton prénom : ....

Ton âge : ....

Tes loisirs (Ce que tu fais) : ....

....

Tes frères et sœurs : ....

Activité 2 (15 points)

C'est ton anniversaire. Écris en français à un(e) ami(e) ce que tu veux faire pour ton anniversaire ! Tu peux t'aider des illustrations !

Cher / Chère ....

Pour mon anniversaire, je veux ....

....

....

....

Production orale (25 points)

Activité 1 (11 points)
Présente-toi !

> Tu t'appelles comment ?
>
> Tu as quel âge ?
>
> Tu as des frères et des sœurs ?
>
> Tu as un animal domestique ?
>
> Qu'est-ce que tu fais ? Tu joues au ballon ?
>
> Tu joues aux billes ? Tu fais du roller ? Tu fais du vélo ? Tu nages ? Tu danses ?
>
> Tu joues à des jeux vidéo ? etc.

Activité 2 (6 points)
Devinette : Ton professeur « cache » l'image d'un animal ! Pose-lui des questions pour découvrir de quel animal il s'agit !

> C'est un chat ? C'est une tortue ? C'est un poisson ? etc.
>
> Il (elle) est noir(e) ? vert(e) ? rouge ? etc.

Activité 3 (8 points)
Demande à un(e) ami(e) de te prêter un objet !

Exemple : → Prête-moi ton livre !

On s'entraîne pour le DELF Prim A1.1 !

Nom : .... Prénom : ....

Unités 6 à 10 | **2**

Compréhension de l'oral (25 points)

Activité 1 (9 points)

Le père Noël a des cadeaux pour Sethy, Lisa et Léo. Écoute bien et écris leur prénom sous les dessins ! Tu as deux écoutes !

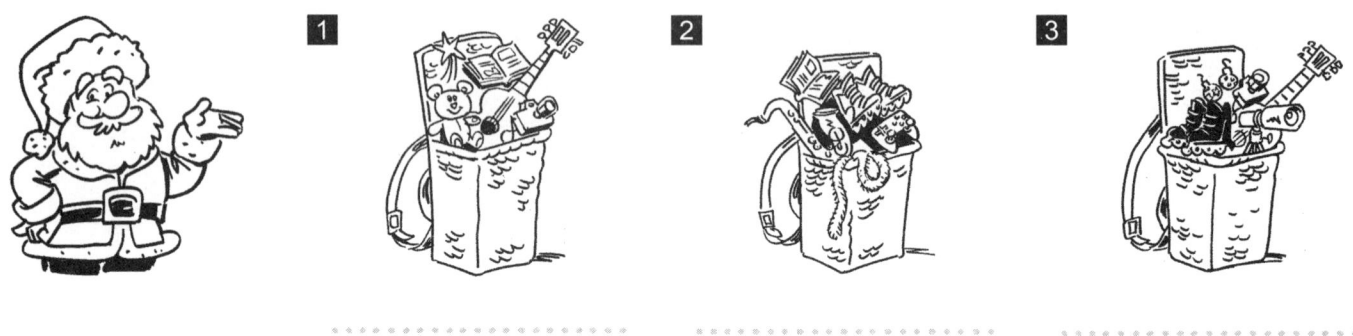

Activité 2 (8 points)

Prends des feutres ou des crayons de couleur : tu as besoin d'un marron, d'un orange, d'un rose, d'un violet, d'un noir et/ou d'un gris ! Puis écoute et colorie ! Tu as deux écoutes !

Activité 3 (8 points)

Regarde d'abord les dessins ! Puis écoute cette annonce au supermarché !
Coche les produits cités ! Tu as deux écoutes !

Compréhension des écrits (25 points)

Activité 1 (6 points)
Regarde bien et écris le nom d'un clown sous chaque bulle !

1 Miam ! J'aime beaucoup les frites, la salade et le gâteau au chocolat !

2 J'aime les frites et le poisson, mais je n'aime pas le gâteau au chocolat !

3 Le gâteau au chocolat ? J'aime ! Et j'aime aussi le poulet et le fromage !

....

Activité 2 (6 points)
Regarde bien et réponds « oui » ou « non » !

le 16 février à 20 heures
Nuit des sorcières, des magiciens et des fées !

Fête de Carnaval pour les enfants de 4 à 11 ans !
Musique – Jeux – Boissons – Sandwichs
Pour toute information : 07 85 24 39 16

1 C'est une affiche pour Noël ?   ☐ oui ☐ non   4 C'est une fête pour les fées ?   ☐ oui ☐ non
2 C'est une affiche pour le carnaval ? ☐ oui ☐ non   5 C'est une fête pour les pirates ?   ☐ oui ☐ non
3 C'est une fête pour les enfants ? ☐ oui ☐ non   6 Il y a à manger ?   ☐ oui ☐ non

Activité 3 (6 points)
Valentine et Sam écrivent une lettre de vacances à leurs parents. Lis leur lettre puis coche la case « vrai » ou « faux » !

> Chère maman, cher papa !
>
> Je nage et je marche beaucoup. Je sais aussi faire du cheval, c'est super.
> Mon cheval s'appelle Domino.
> Aujourd'hui, c'est le carnaval : je mets mon pantalon, ma veste et mon chapeau de Pierrot !
> Et je joue de la guitare...
> Comme Pierrot !
> Bises à vous deux,
> Valentine

> Bonjour maman, bonjour papa !
>
> Ça va bien. Je joue au tennis, c'est super !
> Je fais aussi du vélo et du roller. J'aime bien.
> Je fais du cheval, mais ça ne va pas : je ne sais pas !
> Je mange beaucoup de frites et de gâteaux, miam !
> Et, je dors beaucoup...
> Gros bisous,
> Sam

1 Valentine fait du vélo. ☐ vrai ☐ faux
2 Sam fait du roller. ☐ vrai ☐ faux
3 Sam aime jouer au tennis et faire du vélo. ☐ vrai ☐ faux
4 Valentine mange beaucoup de gâteaux. ☐ vrai ☐ faux
5 Sam sait faire du cheval. ☐ vrai ☐ faux
6 Aujourd'hui, Valentine a un pantalon blanc et une veste blanche. ☐ vrai ☐ faux

Activité 4 (7 points)
Lis et reporte les prix !

C'est les soldes ! Le pantalon coûte vingt euros. La robe est à dix-huit euros. Le pull est à huit euros. Les chaussettes ? Cinq euros ! Le bonnet est à six euros. La jupe coûte douze euros. Le tee-shirt : dix euros. Et la chemise ? Elle est à quinze euros ! Super !

Production écrite (25 points)

Activité 1 (10 points)
Tu pars en vacances et tu écris la liste des dix vêtements et objets que tu emportes !

```
deux t............        des c............
un j............          des c............
un p............          une v............
deux p............        mon a............ p............
une c............         et mon o............ !
```

Activité 2 (15 points)
Tu envoies un message en français à un(e) ami(e) et tu lui dis tout ce que tu sais faire !
Tu peux t'aider des illustrations !

À : Mon ami(e)
Objet : Message

Bonjour !

Ça va ? Moi, je sais ....

....

....

Et toi ? Qu'est-ce que tu sais faire ?

....

Production orale (25 points)

Activité 1 (10 points)
Décris tes activités préférées et celles que tu n'aimes pas !

> Tu aimes chanter ? dessiner ?
>
> Tu aimes danser ? nager ?
>
> Tu aimes sauter à la corde ? jongler ?
>
> Tu aimes faire du vélo ? faire du roller ?
>
> Tu aimes jouer aux billes ? jouer à des jeux vidéo ? jouer au football ? jouer au tennis ?
>
> Tu aimes faire du cheval ? faire du judo ? faire du ski ? faire la cuisine ?

Activité 2 (7 points)
Devinette : Ton professeur a le portrait d'un personnage de conte. Pose-lui des questions pour découvrir de qui il s'agit et savoir quelles sont les couleurs de ses vêtements !

> C'est un clown ? Une fée ? un magicien ? un Pierrot ? etc.
>
> Il a un pantalon rouge ? Elle a une robe bleue ? Il a une veste violette ? etc.

Activité 3 (8 points)
Tu es chez ton (ta) correspondant(e) français(e) et tu prends ton petit déjeuner : demande ce que tu voudrais !

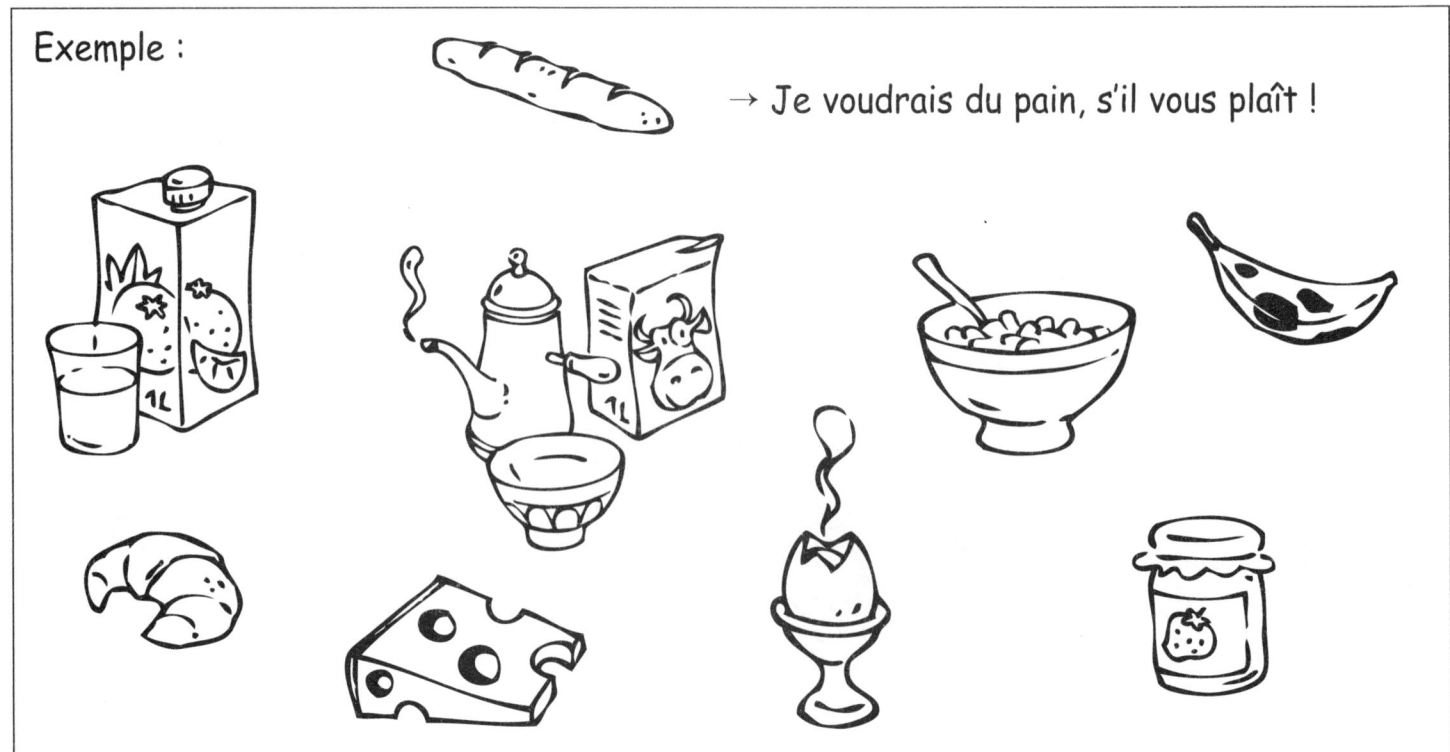

Exemple : → Je voudrais du pain, s'il vous plaît !

On s'entraîne pour le DELF Prim A1.1 !

Nom : .... Prénom : .... **Unités 11 à 15** **3**

Compréhension de l'oral (25 points)

Activité 1 (8 points)
Tu appelles le cinéma « Le Grand Rex ». Écoute le répondeur et associe chaque film au bon horaire ! Tu as deux écoutes !

Activité 2 (9 points)
Tu visites Paris en bus. Écoute la guide et numérote les monuments dans l'ordre ! Tu as deux écoutes !

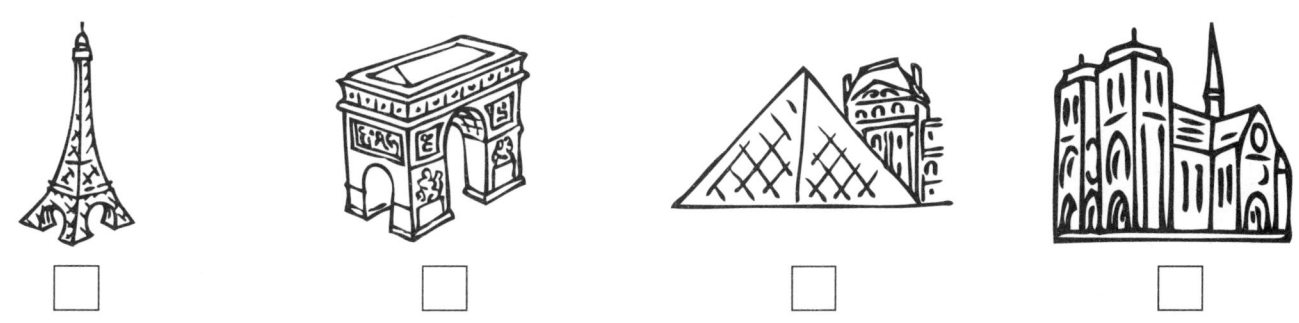

Activité 3 (8 points)
Tu visites maintenant le musée du Louvre. Un guide te présente les statues d'**Adonis**, de **Vénus**, de **Jupiter** et de **Diane** : écris leur nom sous les statues ! Tu as deux écoutes !

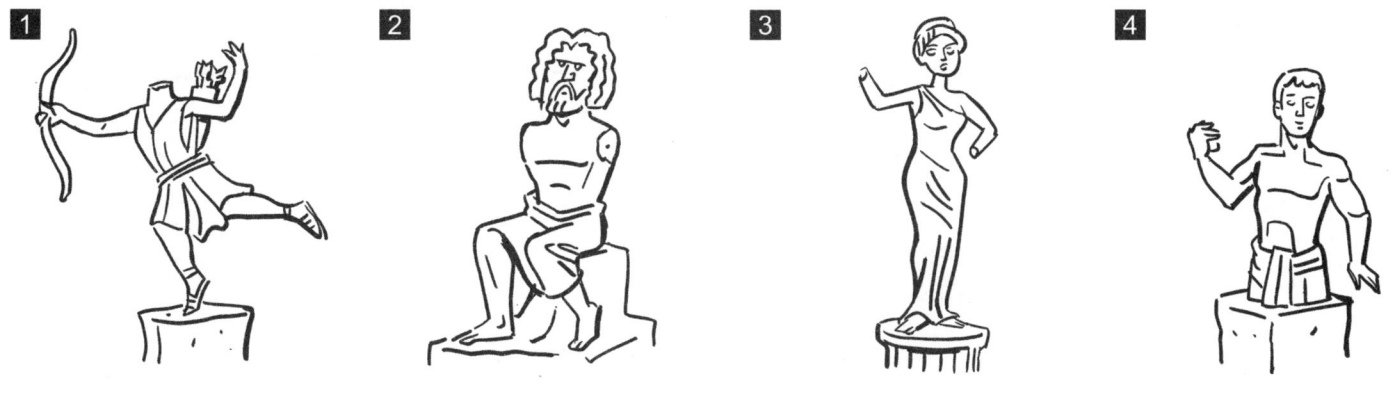

Compréhension des écrits (25 points)

Activité 1 (6 points)

Lis les messages et numérote les images correspondantes !

1 Lundi, je regarde la télévision !
2 Mardi, je vais au cinéma avec Mamie !
3 Mercredi, je joue du saxophone !
4 Jeudi, je vais au musée !
5 Vendredi, je fais du roller avec mon chien.
6 Et samedi, je vais nager !

Activité 2 (6 points)

Ton ami(e) vient à Paris avec ses parents, ses deux sœurs, son frère et son chien. Tu cherches un appartement pour eux. Choisis la bonne petite annonce !

1 Appartement de trois pièces avec une grande salle de séjour et deux petites chambres – salle de bains, cuisine. Vue sur la tour Eiffel.

2 Rue de la Chine : Appartement de cinq pièces avec quatre chambres et une salle de séjour – grande cuisine, pas de salle de bains.

3 Près de Notre-Dame ! Deux pièces avec une chambre et une salle de séjour – salle de bains et petite cuisine. Un appartement très joli !

4 Six pièces : une grande salle de séjour et cinq chambres – cuisine, salle de bains. À deux heures de Paris en train.

5 Bel appartement : six pièces avec une salle de séjour et cinq chambres – deux salles de bains et une grande cuisine. Bus et métro à proximité.

6 Champs-Élysées – Arc de triomphe : Cinq pièces avec une salle de séjour et quatre chambres – salle de bains et grande cuisine. Pas d'animaux, s'il vous plaît !

Ton choix : l'appartement n° ...

Activité 3 (6 points)
Lis les portraits des monstres et écris leur nom sous les « photos » !

1 Blorg a trois yeux, un nez, une bouche avec quatre dents et quatre oreilles. Il n'a pas de cheveux.
2 Blirg a deux yeux, une bouche, un nez, deux oreilles et trois cheveux. Il n'a pas de dents.
3 Blurg a une bouche avec deux dents et pas d'oreille. Il a deux yeux, un nez et des cheveux.
4 Blerg a des cheveux, trois yeux, un nez, une bouche avec trois dents et deux oreilles.
5 Blarg n'a pas de nez. Il a des cheveux, une bouche avec quatre dents, deux yeux et deux oreilles.
6 Blourg a quatre oreilles, un nez, des cheveux, une bouche avec deux dents et trois yeux.

A B C D E F

....

Activité 4 (7 points)
Lis le blog de Clotilde puis coche la case « vrai », « faux » ou « ? » (je ne sais pas) !

---

http://www.leblogdeclotilde.com

Mercredi 12
Aujourd'hui, je visite la ferme de Paris avec mon frère Mattéo. Moi, j'ai mes bottes et mon chapeau ! Dans la ferme, il y a des canards, des poules, des coqs, des moutons, des vaches et un âne. Je n'ai pas peur de l'âne, mais j'ai peur des vaches. Je donne une pomme à l'âne et Mattéo donne du pain aux poules … Dans une maison, à côté de la ferme, il y a une grande cuisine. On peut faire de la confiture avec des abricots, miam ! On peut faire aussi du pain. Cette ferme est super !

---

1 Il y a une ferme à Paris. ☐ vrai ☐ faux ☐ ?
2 Dans la ferme, il y a des chevaux. ☐ vrai ☐ faux ☐ ?
3 Clotilde a peur des ânes et des moutons. ☐ vrai ☐ faux ☐ ?
4 Mattéo donne des pommes aux poules. ☐ vrai ☐ faux ☐ ?
5 Clotilde a une veste et Mattéo a un bonnet. ☐ vrai ☐ faux ☐ ?
6 À côté de la ferme, on peut faire de la confiture et du pain. ☐ vrai ☐ faux ☐ ?
7 Clotilde aime la ferme de Paris. ☐ vrai ☐ faux ☐ ?

Production écrite (25 points)

Activité 1 (10 points)

Voici une fiche d'entraînement pour de la gymnastique. Complète-la !

Lève la tête !

Activité 2 (15 points)

Tu écris en français à un(e) ami(e) : tu lui dis quand – quels jours et à quelle heure – et comment – avec quel(s) moyen(s) de transport – tu vas à l'école !

Bonjour à toi !
Je vais à l'école le ....
....
....
....
....
Et toi ?

Production orale (25 points)

Activité 1 (10 points)
Décris ta maison ou ton appartement et ce que tu y fais !

> Il y a combien de pièces dans ta maison ou ton appartement ?
> Il y a combien de chambres ?
> Il y a une grande salle de séjour ? une grande cuisine ?
> Tu regardes la télévision dans ta chambre ? dans la salle de séjour ? dans la salle de bains ?
> Tu manges dans ta chambre ? dans la cuisine ? dans la salle de séjour ?
> Où est-ce que tu fais du sport ? Où est-ce que tu travailles pour l'école ? Où est-ce que tu joues ?

Activité 2 (7 points)
Devinette : Ton professeur a le portrait d'un monstre. Pose-lui des questions pour savoir combien de têtes, d'yeux, de bras, de jambes, etc. il a et dessine-le !

> Il a combien de têtes ? Il a combien d'yeux ? Il a combien de bras, etc.
> Il a combien de nez ? d'oreilles ? de bouches ? etc.
> Il a des cheveux ? Ils sont de quelle couleur ?
> Ses bras, ses jambes sont de quelle couleur ? etc.

Activité 3 (8 points)
Explique à ton ami(e) français(e) ce que tu veux faire à Paris !

Je veux aller au Louvre en taxi !   **1** Je veux aller au … en … !   **2** Je veux aller à … en … !

3 Je veux aller à l'… à … !   **4** Je veux aller à la … à … !   **5** Je veux aller à la … en … !

6 Je veux aller à la … à … !   **7** Je veux aller au … en … !   **8** Je veux aller à l'… en … !

Édition : Martine Ollivier
Couverture : Fernando San Martin
Illustration de couverture : Jean-Claude Bauer

Maquette intérieure : Planète Publicité
Illustrations : Jean-Claude Bauer
　　　　　　　Nathanaël Bronn
　　　　　　　Volker Theinhardt

Recherche iconographique : Nadine Gudimard
Crédits photos : p.58g : Hoa Qui/S. Grandadam - p.58mh : Hoa Qui/M. Renaudeau - p.58mb : Hoa Qui/M. Renaudeau - p.58d : Hoa Qui/J.F. Lanzarone

Imprimé en Italie par Grafica Veneta S.p.A. en mars 2025
N° de projet : 10307992 - contact@cle-inter.com
Dépôt légal : avril 2019